C·H·Beck
PAPERBACK

Julia Onken zeigt, welche Strategien Frauen entwickeln, um vom Vater Bestätigung und Anerkennung zu erringen: die einen setzen auf weibliche Attraktivität, werden zu kessen „Gefalltöchtern"; die anderen setzen auf Leistung, um die väterliche Aufmerksamkeit hervorzulocken, werden „Erfolgstöchter"; aber auch Widerstand und Auflehnung erregen Aufsehen, die „Trotztochter" ist geboren. Wie Frauen sich dieses großen Schmerzes bewußt werden können, wie sie dadurch verhängnisvolle Muster von Partnerbeziehungen vermeiden können – Julia Onken, die weit über die Grenzen der Schweiz hinaus bekannte Therapeutin, versteht es meisterhaft, Einsichten in diese elementaren Lebensfragen zu vermitteln.

Julia Onken ist diplomierte Psychologin, Psychotherapeutin, Leiterin des Frauenseminars Bodensee (gemeinsam mit ihrer Tochter Maya), Dozentin in der Erwachsenenbildung und Herausgeberin des Magazins *Generation Superior – von der Kunst des langen Lebens.* Von ihr sind bei C.H.Beck u. a. lieferbar: *Feuerzeichenfrau. Ein Bericht über die Wechseljahre* (7. Aufl. 2014), *Altweibersommer. Ein Bericht über die Zeit nach den Wechseljahren* (3. Aufl. 2011), *Wenn Du mich wirklich liebst. Die häufigsten Beziehungsfallen und wie wir sie vermeiden* (3. Aufl. 2011), *Im Garten der neuen Freiheiten. Ein Reiseführer für die späten Jahre* (2. Aufl. 2018), *Mit dem Herzen der Löwin. Warum Frauen ihr Selbstbewusstsein verlieren und wie sie es zurückgewinnen* (2018).

www.julia-onken.ch

Julia Onken

Vatermänner

Ein Bericht über
die Vater-Tochter-Beziehung und
ihren Einfluß auf die Partnerschaft

C.H.Beck

1. bis 169. Tsd. (1.–6. Auflage). 1993–2012
(Beck'sche Reihe)

7. Auflage. 2016
(C.H.Beck Paperback)

8. Auflage in C.H.Beck Paperback. 2020

Originalausgabe
© Verlag C.H.Beck oHG, München 1993
www.chbeck.de
Satz: C.H.Beck.Media.Solutions, Nördlingen
Druck u. Bindung: Druckerei C.H.Beck, Nördlingen
Umschlaggestaltung: Konstanze Berner, München
Umschlagabbildung: © Antony Nagelmann, Getty Images
Printed in Germany
ISBN 978 3 406 75324 4

myclimate

klimaneutral produziert
www.chbeck.de/nachhaltig

Inhalt

Präludium

Faites vos jeux

Meine Schwester sprang um einen Apfelbaum und jammerte: «Ich bin gestorben, ich bin gestorben!» Die Mutter versuchte, sie zu beruhigen. Menschen rannten aufgeregt herum oder standen ratlos davor, daneben, wollten helfen. Der Vater sagte zur Mutter, sie habe auf jener Seite gesessen, auf welcher der Zug herangenaht sei, sie hätte ihn sehen müssen, ihn auf die Gefahr aufmerksam machen.

Meine Mutter schwieg, wie sie es einst bei ihrem Vater gelernt hatte. Sie schwieg, als die Katze die Wurst gestohlen hatte und dafür vom Vater Prügel kassierte. Sie schwieg, wenn er verbot, Hausaufgaben zu machen, und sie schwieg, wenn sie in den viel zu großen, mit Zeitungspapier zurechtgestopften Militärschuhen den Schulweg nicht in sechs, sondern erst in sieben Minuten schaffte.

Ihr Vater und ihr Ehemann hätten Zwillingsbrüder sein können. Nur drei Jahre lagen sie auseinander. Was sie trennte, war eine unüberwindbare Abneigung gegen die nationale Herkunft des anderen: der eine sturschweizerisch, der andere sturdeutsch. Während der eine in der seelischen Tallandschaft, eingezwängt durch waldhügelige, steile Böschungen pflichtbewußt und fleißig in mühsamer Arbeit das buckelige Feld bestellte, fuhr der andere frühmorgens in die Weite des Sees hinaus, um nicht minder pflichtbewußt, fleißig und in mühsamem Bestreben seine Netze auszulegen. Wo der eine nicht über den Zaun des Weidelandes hinausdenken konnte, unvorstellbar ein Leben ohne gesicherte schweizerische Enge, schweifte der Blick des anderen über die Grenzenlosigkeit des Wassers.

Der Vater meiner Mutter war mit der Heirat nicht einverstanden.

Meine Mutter schwieg und heiratete trotzdem.

An jenem Tag, bevor meine Schwester um den Apfelbaum herumgesprungen war, gab es beim unbewachten Bahnübergang einen fürchterlichen Krach. Das Auto wurde vom Zug erfaßt, steckte wie eine Siegestrophäe auf den Hörnern eines schnaubenden Ungetüms, und dieses schob es noch einige hundert Meter weiter vor sich her.

Diese ungewöhnliche Art der Fortbewegung mußte meine Schwester irrtümlicherweise mit Sterben gleichgesetzt haben, jedenfalls ließ sie sich von dieser Überzeugung nur schwer abbringen.

An Aussteigen war zunächst nicht zu denken. Die Feuerwehr kam und befreite sie durch die Fenster. Später mußte der Vater vor Gericht. Dort argumentierte er nochmals, seine Frau habe auf der fraglichen Seite gesessen, sie sei schuld. Zudem hätte der Zug fünf Minuten Verspätung gehabt – wäre er fahrplanmäßig gefahren, wäre nichts passiert.

Einige Zeit nachdem meine Schwester um den Apfelbaum herumgesprungen war, wurde ich geboren. Ich gehörte von der ersten Stunde an meiner Mutter. Sie war das Zentrum meines Lebens. Mein Vater gehörte nicht in diese Welt. Er war zwar da. Und war doch nicht da. Unsere Gespräche verstummten, sobald er auftauchte, und wurden wieder fortgeführt, wenn er verschwand, und wir sparten unser Wohlbefinden auf, bis er das Zimmer wieder verlassen hatte. Mit 75 ging er für ein halbes Jahr nach Amerika. Ich war damals elf. Es war eine unbeschwerte

Zeit. In den Sommerferien erlaubte mir meine Mutter, bereits am Morgen ins Strandbad zu gehen. Das Mittagessen zu Hause fiel entweder aus, oder es gab etwas, was es sonst nie gab. Wir waren immer schnell in der Küche fertig und hatten mehr freie Zeit. Als er in einem karrierten Farmerhemd und mit Schildmütze zurückgekehrt war, wurde das Mittagessen wieder pünktlich eingenommen. Er brachte Photos aus einem großen Park mit, in welchem er, flankiert von wunderschönen Frauen in langen Kleidern, posierte. Auch hatte er das «Vater unser» in Englisch gelernt.

Mein Vater war ein frommer Mann, impulsiv und katholisch. Er ging jeden Sonntag zur Kirche, wo er seinen Stammplatz hatte. War dieser besetzt, herrschte so lange Unruhe in der Reihe, bis er seinen gewohnten Sitz zurückerobert hatte. Er war oft in Streitereien verwickelt. Einmal mußten wir ziemlich schnell aus einer Wohnung ausziehen, weil er den Hausbesitzer heftig beschimpft hatte. Ein anderes Mal prügelte er sich mit einem Nachbarn. Er griff ihn an und verpaßte ihm eine Ohrfeige. Dieser wollte den Schlag abwehren und streifte dabei die Brille meines Vaters, sie fiel herunter und zerbrach. Mein Vater veranstaltete ein Höllengezeter von wegen unfairem Verhalten, schließlich sei er ein alter Mann, und nun habe er ihm auch noch die Brille heruntergeschlagen und ruiniert. Der Nachbar erstattete Strafanzeige wegen Körperverletzung. Mein Vater führte die zerbrochene Brille als Beweis für die Schuld des anderen an.

Mein Vater war schon einmal verheiratet gewesen. Mit seiner ersten Frau hatte er vier Töchter. Als sie starb, heiratete er dann meine um dreißig Jahre jüngere Mutter. Auf irgendeine geheimnisvolle Weise führte er aber seine erste Ehe – die sehr glücklich gewesen sein soll – weiter. Er feierte alljährlich den Hochzeitstag, ebenso die silberne, goldene und schließlich die diamantene Hochzeit. Wurde er nach der Anzahl seiner Kinder gefragt, antwortete er stets: vier Töchter. Meine sieben Jahre ältere Schwester gehörte in den ersten Jahren beinahe mit in die Familie meines Vaters. Sie wurde wie eine kleine Puppe von ihren nähenden Stiefschwestern eingekleidet und ausgeführt.

Meine Mutter und ich hingegen waren eine Welt für sich. Und ich war mit dieser Aufteilung zufrieden.

Außerhalb unserer kleinen Welt war alles anders als bei all den anderen. Mein Vater war älter als der Großvater, meine Mutter jünger als ihre Stieftöchter, und ich war jünger als die Enkel meines Vaters. Meine Mutter bestritt unseren Lebensunterhalt und auch denjenigen meines Vaters. Sie war tüchtig und fleißig und in ihrer Ehe sehr unglücklich. Obwohl sie finanziell unabhängig war, dachte sie niemals daran, sich scheiden zu lassen. Wurde ich in der Schule nach dem Beruf meines Vaters gefragt, wiederholte ich das, was ich von ihm gehört hatte: Pensionist ohne Pension. Mit besonderem Stolz erzählte ich meinen Schulfreundinnen, daß ich die deutsche Staatsbürgerschaft besäße. Es war wie eine spezielle Auszeichnung. Mit zehn wurde ich umgebürgert, es sei besser für meine Zukunft, meinte die Mutter.

Mein Vater und mein Großvater waren sich in ihrem unbeugsamen Eigensinn sehr ähnlich, dennoch trennte sie eine geradezu spektakuläre Gegensätzlichkeit. Mein Großvater, eine Erscheinung, wie aus einem Rütli-Schwurbild herausgestiegen, war bäuerlich, urschweizerisch, was sich ganz besonders in seiner Sprache niederschlug. Er hatte eine große Schwertzunge, die sich beim Sprechen zusammenrollte und schwerfällig überschlug, als ob sie sämtliche Gletscherspalten und Bergmassive zu überwinden hätte. Felsblockworte, granitgefährlich, polterten lawinendonnernd aus seinem dicklippigen Mund. Unfehlbar. Oft aber schwieg er. Sein Schweigen war ebenfalls gefährlich. Es grollte kriegerisch in die ungemütliche Stube hinein. Das Essen blieb einem im Hals stecken, lieber Sterben als Husten! Er verlor im Laufe seines Lebens alle Zähne, bis auf einen einzigen daumengroßen Backenzahn, der beim Sprechen waghalsig wakkelte. Mit diesem biß er sich die letzten dreißig Jahre seines Lebens durch, ohne jemals weder zahnärztliche noch ärztliche Hilfe in Anspruch zu nehmen. Er ließ keine andere Meinung außer seiner eigenen gelten.

Mein Vater hingegen besaß ein lockeres Mundwerk. Seine Worte sprudelten wie Gischt aus dem Getriebe eines Motorschiffes heraus, zerstoben im Wind oder sammelten sich zu einer langen Welle in zügig kräftigem Schwung über das Wasser, um irgendwo laut gegen eine Hafenmole zu krachen. Im Gegensatz zum Großvater hatte sich mein Vater ein Gebiß anfertigen lassen. Mit einer 50 cm langen Metallfeile behob er jeweils sonntags nach dem Mittagessen allfällige Druckstellen. Auch er hielt von der Meinung anderer so gut wie nichts. Ebenso von Verkehrsregeln. Als in unserer Stadt die erste Lichtampel aufgestellt wurde, würdigte er sie, ob rot oder grün, keines einzigen Blickes. Er fuhr im hohen Alter mit seinem Fahrrad quer über die Kreuzung, schaute weder nach links noch nach rechts, klingelte lediglich heftig dabei. Das wäre ja gelacht, meinte er, wenn er in seinem Alter noch vor einem läppischen Rotlicht von seinem Rad heruntersteigen sollte, um zu warten.

Beide waren gläubige Männer. Aber sie hatten unterschiedliche Götter. Während der Großvater sich an einen ausgesprochen strengen hielt, der als Fronvogt drohend über seinem Volk thronte und wie Gessler einst äußersten Gehorsam von seinen Untertanen forderte, war derjenige meines Vaters viel lockerer, ja geradezu umgänglich und vor allem viel unkomplizierter. Mein Vater führte mit seinem Gott heftige und laute Aussprachen, beklagte sich vor allem über den unbeugsamen Eigensinn seines jungen Eheweibes. Dabei nahm er kein Blatt vor den Mund, Kraftausdrücke waren an der Tagesordnung. Mir gefiel diese direkte Art. Auch mit seinen sechs Hühnern hielt er Zwiesprache. Er erzählte ihnen engagiert die politischen Ereignisse im Detail, während ihm ein Huhn auf der Schulter hockte und gelegentlich etwas unsanft mit dem Schnabel auf seiner Glatze herumpickte. Übers Wochenende fuhr er oft mit dem Dampfschiff auf die andere Seite des Sees, in das kleine Fischerdorf, wo er mit fünf Brüdern aufgewachsen war. Sein Elternhaus stand direkt am See. Mein Vater erzählte oft, er sei nicht am, sondern im See aufgewachsen. Schon bevor er richtig gehen konnte, schwamm er wendig wie ein Fisch munter durch die Wellen. In dieser Familie war es üblich, daß die Kinder als erstes Schwimmen lernten. Wenn sie mit dem Boot zum Fischen hinausfuhren, wurde der Kleinste jeweils von seinen älteren Brüdern ins Wasser geworfen. Sank er unter Wasser, tauchte einer hinter ihm her, fischte ihn heraus, um es so lange zu wiederholen, bis der Kleine über Wasser blieb. Das Fischerboot brachten sie von Zeit zu Zeit absichtlich zum Kentern. Alle Utensilien wurden hinterher tauchend wieder geborgen.

Wenn mein Vater seine deutschen Verwandten besuchte, stopfte er sich alle Taschen voll mit Zigaretten und Schokolade, band sich um die Waden Kaffeebeutel, schritt entweder pfeifend über den Zoll oder erzählte dem Zöllner irgendeinen Witz, um ihn von seiner Kontrollfunktion abzulenken. Einmal rutschte ihm im Zollgebäude ein Kaffeepaket das Bein herunter, direkt auf seinen Schuh. Er begann über die Panne ungeniert laut zu wettern, während er den Beutel wieder festmachte und pfeifend weiterging. Meine Mutter, die ihn begleitete, schämte sich in Grund und Boden und starb beinahe vor Angst. Auch bei den Verwandten war ihr das meiste, was mein Vater erzählte, furchtbar peinlich. Die Rückreise war für sie nicht minder hürdenreich. Meist war er durch die zahlreichen Besuche, wo er stets gut bewirtet wurde, leicht angeheitert. Seine stete Bereitschaft, Geschichten zu erzählen, steigerte sich ins beinahe Unermeßliche, und er unterhielt die übrigen Schiffspassagiere während der fast dreistündigen Fahrt. Während sich andere über die Geschichten meines Vaters amüsierten und sich die Bäuche vor Vergnügen hielten, verging meiner Mutter das Lachen. Er kehrte mindestens so beladen wieder zurück, mit Speck, Schnaps und sonstigen Geschenken, und meine Mutter hatte wieder große Angst am Zoll. Sie litt eigentlich ununterbrochen an der Art meines Vaters. Da ich emotional an ihrem Gefühlssystem wie an einem Stromnetz angeschlossen war, schämte ich mich ebenfalls. Irgendwann konnte meine Mutter aber das alles nicht mehr ertragen und begleitete ihn nicht mehr. Dann durfte ich gelegentlich entweder alleine oder zusammen mit meiner Schwester mit auf die Reise gehen, und ich war befreit von dieser unangenehmen beklemmenden Peinlichkeit. Ich genoß diese Stunden und hatte sogar Spaß mit meinem Vater. Vor allem gefiel es mir in den winterlichen Monaten, wenn der Nebel dicht über dem Wasser hing. Unheimlich dröhnten die Nebelhörner durch die weiße Wand – ließen mich bis ins Innerste erschaudern. Und oft schaute ich fasziniert den schwer atmenden Dampfturbinen zu, auf deren großen silbern glitzernden Bäuchen kleine Kelche – wie auf dem Tablett jonglierender Meßdiener – herumtanzten, ohne umzufallen.

Meine Mutter indessen litt stumm in sich hinein. Sie

war eine Meisterin darin, Ärger herunterzuschlucken. Unausgesprochenes lagerte wie tickende Bomben im Keller, die Dynamik unseres Familienlebens steuernd. Ich war mit dem Unglück meiner Mutter auf unsichtbare, aber innigste Weise verbunden. Ihr Unglück war auch meines. Ich fühlte mich zuständig dafür, sie aufzuheitern und sie stets mit etwas zu erfreuen, was mir meistens auch gelang. Mit meinem Vater hatte ich nicht viel zu tun – und er nicht mit mir. Ich vermißte jedoch nichts. Im Gegenteil. Das Programm war vielfältig genug. In dieser Familie lernte ich das Labyrinth menschlicher Verstrickungen kennen. Griechische Tragödie als zigteilige Familienserie: filigranes Netz verästelter Gefühlsströmungen, lautlose Kriegsstrategie, große Opferrituale im Wechsel mit munter plätscherndem Intrigenspiel oder dionysischem Triumph über Mißerfolg und Pannen der heimlich bekämpften Kontrahentinnen. Gelegentlich schwang sich eine Empörungswelle wie eine soprane Kolloratur in die heeren Höhen der Entrüstung hinauf, um dort, bevor sie zur Entladung gelangte, in sich zusammenzusacken und als heruntergedrosselte Demut irgendwann ans familiäre Ufer gespült zu werden, wo es sich zu neuem unsichtbaren Fehdestoff zusammenwob. Als Krönung mein Vater, der unverdrossen, wo auch immer er war, selbst in höchst explosiven Krisengebieten, seinen Gefühlen und Empfindungen stets ungeniert freien Lauf ließ, – was wie in chemischen Reaktionen mannigfaltigste, familiendynamische Kräfte entfesselte. Wir lebten auf einer Dynamitbühne, die jederzeit zu explodieren drohte. So kannte ich mich früh in den verschlungenen Abgründen zwischenmenschlicher Verstrickungen bestens aus – wie in meiner Puppenstube.

Aber ich hatte auch wohlige, gemütliche Nischen. Mit meiner Mutter. Abends, um sechs, holte ich sie von der

Fabrik ab. Nach dem Nachtessen hatte sie noch Heimarbeit zu erledigen. Sie nähte, ich schnitt die Fäden ab. Und ich erzählte ihr alles, was mich bewegte, sie hörte mir aufmerksam zu – und das war ein kleines Paradies.

Les jeux sont faits

Es begann nach der ersten Menstruation, daß ich ihr nicht mehr alles erzählte. Und ich flog im hohen Bogen aus dem Paradies.

Einmal verliebte ich mich in einen Segler. Was mich besonders faszinierte war seine Respektlosigkeit Autoritäten gegenüber. Ebenso seine unverfrorene Art, sich mit den Elementen zu messen. Wir takelten erst bei Sturmwarnung auf, wenn die anderen Boote schutzsuchend in den Hafen einliefen. Wir segelten oft zusammen und nahmen an Regatten teil. Obwohl ich mir nichts sehnlicher wünschte, als daß er mich ebenso heiß lieben würde, wie ich ihn, war ich insgeheim davon überzeugt, daß das unmöglich war. Als wir zusammen zu einer Segelwoche fuhren, um dort am Juniorenwettbewerb unserer Bootsklasse teilzunehmen, lernte er am ersten Tag eine bildhübsche Landtouristin kennen und verliebte sich prompt in sie. Er hatte keine Lust mehr, bei den Regatten mitzusegeln, und ich lag den ganzen Tag im Hafen auf seinem Boot herum und heulte. Von meinem Begleiter war nichts mehr zu sehen. Besonders schlimm waren die Nächte. Obwohl er mir ausdrücklich verboten hatte, alleine herumzusegeln, band ich das Boot mit dem ersten Einbruch der Dämmerung los und glitt lautlos auf den See hinaus. Wie magisch zog es mich dem Ufer entlang zum kleinen väterlichen Fischerdorf, das ich aus meiner Jugendzeit kannte und das unweit des Regattaortes lag.

15

Entweder kreuzte ich die ganze Nacht vor diesem Ort herum, oder ich ankerte in der Nähe und versuchte zu schlafen. Am Ende der Woche, als ich wieder auf meinem nächtlichen Ausflug war, lockten mich leise Gitarrenklänge, die der Wind vom Land herübertrug. Ich segelte blind landeinwärts dem Klang entgegen, bis ein weiter Strand vor mir lag.

Schemenhaft sah ich eine Gruppe von musizierenden Menschen, die sich um ein Feuer versammelt hatten. Ich rief ihnen zu, sie antworteten, und ich warf den Anker aus. Zwei Männer schwammen zu meinem Boot und trugen mich beinahe trocken an Land. Wir saßen bis in die Morgenstunden, sangen, lachten, und der Herzschmerz war weg. Schließlich begleitete mich einer der Männer aufs Boot, und wir segelten noch ein wenig herum. Es war zwar ausgerechnet derjenige, der mir am wenigsten gefallen hatte, dennoch schmuste und knutschte ich mit ihm. Der verliebte Regattakollege hatte in der Zwischenzeit meine Abwesenheit bemerkt und die Seepolizei alarmiert. Er war außer sich vor Wut über mein Benehmen. Lange Erklärungen meinerseits und eine heimliche Genugtuung, daß er meine übrigen Nachtfahrten nicht bemerkt hatte.

Obwohl inzwischen alles auf Sturmwarnung stand, wollte er unverzüglich aufbrechen und den See dort, wo er am breitesten war, überqueren. Ich hatte nichts dagegen, und wir starteten. Kaum unterwegs, ging ein heftiger Sturm los, der Himmel krachte über uns, Blitze zuckten durch die Dunkelheit. Ein Segel riß, die Pinne brach entzwei, wir versuchten zu paddeln und trieben in die verkehrte Richtung ab. Wir waren noch die ganze Nacht unterwegs. Gegen Morgen kam ein Fischerboot und schleppte uns an Land.

Den Liebeskummer vergaß ich schnell, aber er hinterließ Spuren. Es blieb ein Grundgefühl, daß sich wohl niemals ein Mann für mich richtig interessieren würde. Zugleich war mir dieses Gefühl nicht unbekannt, sondern bestätigte mir lediglich, was ich schon immer gewußt hatte. Meine späteren Beziehungen zum anderen Geschlecht versuchte ich deshalb schwebend einzurichten und achtete detektivisch auf die ersten Zeichen von Desinteresse. Es war eine unheimlich anstrengende Angelegenheit! Einerseits rechnete ich stets damit, das sinkende Schiff zu verlassen, andererseits ließ ich nichts unversucht, um Interesse auf mich zu lenken. Meine Haarlänge sowie Haarfarbe paßte ich jeweils den individuellen Wünschen der jeweiligen Freunde an. Die magere, kurzgeschorene Twiggy gefiel einem Freund besonders gut. Kurz entschlossen schnitt ich von einem Tag auf den anderen mein schönes langes Haar auf drei Millimeter, versuchte abzumagern, was mir auch gelang, – bis auf die Brüste, damals ein großes Ärgernis.

Als mein Vater mit 87 Jahren starb, konnte ich nicht traurig sein. Ich nahm es einfach zur Kenntnis. Aber einige Male träumte ich dann von ihm. Einmal lag er wie ein getrockneter Schmetterling in einer Zeichenmappe. Man konnte ihn herausnehmen, an einem Faden ziehen, und dann begann er wie ein Hampelmann zu zappeln. Das war alles.

Rien ne va plus

Hinterher dachte ich kaum noch an meinen Vater. Ich hatte alle Hände voll zu tun, mich in meinen Beziehungen einigermaßen über Wasser zu halten.

Nur ein Mal, als ich später in meiner Ehe begann, unglücklich zu werden, und vor lauter Wasserschlucken kaum noch Schwimmen konnte, tauchte er ganz kurz in meiner Erinnerung auf. Und dann war er wieder für lange Zeit verschwunden.

Noch später, als ich anfing, Psychologie zu studieren, erfuhr ich dann auch, daß man den Vater ruhig, wenn nicht gerade vergessen, so doch in den Hintergrund stellen könne. Seine Bedeutung sei unvergleichbar geringer als diejenige der Mutter, die als wichtigste Bezugsperson des Kindes gelte. Ein positiver Mutterkomplex sei ein Kapital, das im erwachsenen Leben hohe Gewinne abwerfe.

Sind die ersten Jahre störungsfrei verlaufen, gibt es also keinen Grund, daß einst etwas nicht klappen sollte. Schließlich hängt von der Beziehung zur Mutter unsere zukünftige Beziehungsfähigkeit ab!

Ich hatte also weiß Gott keinen Grund, mir über den Vater Gedanken zu machen. Er konnte also weiterhin als getrockneter Falter eingepreßt in einer Zeichenmappe ruhen –.

So dachte ich jedenfalls.

Nachdem mein eheliches Kartenhaus zusammengefallen war, fand ich unter den Trümmern Gefühle, die mir bestens vertraut waren, aber es gelang mir nicht, sie mit meinem Vater zu verbinden.

Erst später, als dann meine langjährige Beziehung zu Fabian begann auseinanderzubröckeln, steuerte ich auf direktem Kurs den väterlichen Flughafen an – im Blindflug allerdings. Ich wunderte mich, daß mir die Trennung mehr zusetzte als ich erwartet hatte. Schließlich hatte ich bereits Übung darin, beziehungsmäßig auf einer Baustelle zu wohnen, immer wieder zusammenzupacken und neu zu beginnen, mich zu grämen, mich zu trennen und unbeschreiblich unglücklich zu sein.

Leider verhält es sich darin jedoch nicht wie in sämtlichen Sportarten: je mehr Übung, um so geschickter. Im Gegenteil: je öfter durchgebeutelt, um so verletzbarer, um so unfähiger, damit umzugehen.

Bei der Trennung von Fabian klaffte da plötzlich ein finsteres Loch auf, das mir nicht unbekannt war. Es war eigentlich immer schon vorhanden, nur mit dem Unterschied, daß ich es früher nicht zur Kenntnis genommen hatte. Atemlos hatte ich verschiedene, interessante und schillernde Kulissen angeschleppt und darüber aufgebaut. Aber mit der Trennung von Fabian krachte das ganze Theater zusammen. Zuerst begann ich, gegen den Sog anzukämpfen, um nicht in dieses Loch hineinzuplumpsen, warf Worte und Bilder wie Rettungsringe aus und hielt mich daran fest.

Wie eine Wühlmaus wollte ich mich durch die Vergangenheit buddeln, wollte verstehen, weshalb es zur Trennung gekommen war. Rekonstruierte nochmals. Ließ die Erinnerungen wie vergilbte Perlen eines Rosenkranzes durch meine fahrigen Finger gleiten. Und auf einmal, mitten drin, suchte ich umsonst nach dem nächsten Bild, Daumen und Zeigefinger schoben die leere Silberkette weiter, hastig, ungeduldig. Wütend suchte ich die Fortsetzung, suchte verzweifelt nach Halt, klammerte mich fest. Die Fingerkuppen wurden wund, schmerzten, die Kette entglitt, ein Griff ins Leere – und dann stand es plötzlich da: das Bild meines Vaters.

Ich wollte mich mit der Trennung von Fabian auseinandersetzen und geriet unerwartet in eine andere Geschichte.

Ich habe die Begegnung mit meinem Vater nicht gesucht. Sie ergab sich.

Und allmählich löste sich der Schmetterling aus der Zeichenmappe heraus, seine Flügel zitterten, und er setzte zum Flug in meine Geschichte an.

Ich begann zu begreifen, daß ich nicht nur das Kind einer Mutter war, sondern auch eines Vaters. Er, der erste Mann, dem ich in meinem Leben begegnet war. Keinen hatte ich glühender geliebt als ihn. Von keinem wollte ich beantwortet werden, wollte Resonanz spüren wie von ihm.

Und je mehr ich meine eigene Geschichte als Tochter eines Vaters verstehen konnte, um so aufmerksamer hörte ich anderen Frauen zu und studierte die Lebens- und Leidensgeschichten der vielen einst von ihren Vätern vernachlässigten und vergessenen Töchter.

Interludium

1. Brief

Lieber Fabian!
Es ist das erste Wochenende, das ich ohne Dich verbringe. Die Tage sind kürzer geworden, und ich bin froh darum. Wenn es gegen Abend kühler wird, werde ich Feuer im Kamin machen, mich davor setzen und nochmals über alles nachdenken. Herrgottnochmal, was sind wir doch für Idioten, daß wir unsere Liebe, die uns so viel Kraft verliehen hatte und uns über sämtliche Hindernisse des Alltags fliegen ließ, nicht zu erhalten vermochten. Was haben wir denn mit diesem Kapital angestellt? Durch welche Löcher ist sie denn davongeschlichen und hat sich – ohne sich zu verabschieden – aus dem Staub gemacht? Wir haben uns verdutzt nach ihr umgeschaut, wie zwei verwöhnte Kinder, die ihre Geschenke ruinierten und auf einmal mit leeren Händen dastanden. Wir haben unsere Liebe gedankenlos verspielt und dabei alles verloren. Rien ne va plus!
Weshalb ist es denn so schmerzlich, sich von einem geliebten Menschen zu trennen, sich zu lösen, um ihn freizugeben für ein neues Glück? Müßte man denn nicht jubeln, wenn wenigstens der eine wieder eine neue Liebe gefunden hat? Ich möchte Dich ja entlassen, möchte Dir wünschen, daß Du endlich glücklich wirst – wenn nicht mit mir, dann mit einer anderen. Irgend etwas aber ist da, daß sich diesem Wunsch widersetzt. Es ist etwas, das sich hartnäckig in mir eingenistet hat und sich strikt weigert,

meinen Anordnungen zu folgen. Was ist das denn für eine Kraft, die mich jetzt, wo wir uns getrennt haben, noch immer an Dich festbindet? Was ist es, das nicht bereit ist, Dich loszulassen?

Ist es vielleicht eine Angst, nicht wirklich alles bis aufs letzte geprüft zu haben?

Ich weiß es nicht, und ich bin ratlos.

Alles schmerzt.

Wie war es denn überhaupt nur möglich, daß Du Dich so tief in mich hineingefressen hast? Waren es die vielen Briefe, Deine zigtausend Worte, die mich betäubten, die sich wie kleine Saugnäpfe in mich hineingebohrt und sich dort festgesaugt haben? Oder waren es meine eigenen Worte, die mich Dir geöffnet haben, die Dir den Weg freigeschaufelt haben, damit Du mit den Deinen in mich hineingehen konntest, wie in ein Haus mit offenen Türen?

Ich weiß es nicht.

Jedenfalls hat meine Verflochtenheit mit Dir etwas mit diesen verdammten Briefen zu tun, das einzig Verbindende zwischen uns über lange Zeit. Es waren Briefe nur! Mehr nicht. Und doch, für mich damals das Königreich auf Erden. Wir haben uns über alle Hürden hinweggeschrieben und haben mit Worten ein Paradies hervorgezaubert! Wenn es aber möglich war, eine Liebe durch Worte zu erschaffen, so muß es doch auch gelingen, sie wieder durch Worte sterben zu lassen. Sollte es deshalb nicht möglich sein, mit dem gleichen Fahrzeug das Königreich wieder zu verlassen? Wie hinein – so heraus?

Ich schreibe Dir also nochmals, dieses Mal aber, um Dich Dir zurückzugeben – und mich wieder zurückzuholen. Ich werde Deine Worte aus mir heraustragen wie Möbelstücke aus einem Haus.

Und mit dem, was dann noch übrig bleibt, werde ich

meine Räume neu einrichten. Und dann werde ich die Türen fest verschließen. (Denn so schnell kommt mir keiner mehr herein!)

Ist das nicht verrückt! Während Du Dich bereits mit einer anderen beschäftigst, taste ich nochmals an Deinen vielen Worten wie an einem Geländer entlang, halte mich daran, um nicht auszurutschen, um die Kontrolle nicht zu verlieren, um nicht durchzudrehen, um nicht in Deine Wohnung zu stürmen und dieses elende Weibsstück rauszuwerfen, um Dir nicht meine unbeschreibliche Empörung ins Gesicht zu schreien. Ha, so einfach ist das also! Du gehst in Deinem Kummer einfach zur kleinen Friseuse, bei der Du Dir seit einiger Zeit wöchentlich die Haare schneiden ließest. Du, der doch stets behauptet hatte, daß nur die Franzosen gute Herrenschnitte machen könnten, und es deshalb vorgezogen hatte, lediglich zweimal im Jahr in Frankreich zum Friseur zu gehen. Du erzähltest mir alles von dieser Josi, mit welcher unbeschreiblichen Zartheit sie Dir jeweils auch noch Deinen Schnauz mit sanftem Händchen gestutzt hatte. Es täte Dir einfach gut, etwas herumzuflirten – und vor allem, von ihr unbegrenzt bewundert zu werden. Sie schaue an Dir hoch, das gäbe Dir ein wunderbares Gefühl. Ich habe Dich damals einfach gelassen und gedacht, es kommt, wie es kommen muß. Du fingst an, die Abende mit ihr zu verbringen – völlig harmlos, völlig harmlos – wie Du mir stets versichert hattest. In mir aber reifte der Entschluß: so nicht mit mir. Aus der Traum. Die Realität ist so, wie sie ist. Ich wollte nicht noch einmal wie in meiner Ehe jahrelang wie ein kleines Mädchen mit einem Blumenstrauß vor verschlossener Türe stehen und warten. Dieses eine Mal wollte ich klüger sein, und ich zog entschlossen einen Schlußstrich. Du warst fassungslos. Du weintest. Ich blieb hart. Dann gingst Du auf direktem Weg zu ihr und tröstetest Dich mit ihr wie mit einer Flasche Bier. So einfach ist das! Das ist also die starke Mannesart! Ihr haltet den Schmerz nicht aus und seht es auch gar nicht ein, weshalb Ihr «unnötig» leiden solltet. Während wir Frauen hinter Euch herjammern und nicht darüber hinwegkommen, tummelt Ihr Euch längst auf einer neuen Spielwiese. Ach, scher Dich zum Teufel oder wohin auch immer Du willst! Irgendwann werde auch ich von Dir loskommen, ich werde darum kämpfen. Und ich werde nicht eher aufgeben, als bis ich sämtliche Spuren, die Du in meiner Seele hinterlassen hast, ausgesäubert habe. Noch sitzt Du wie ein Zecke in meinem Herzen. Aber ich werde jedes Härchen mitsamt den Wurzeln millimeterweise aus mir herausoperieren, damit Du Dich nie mehr in mich einnisten kannst.

Soeben klingelt das Telefon. Ich bin sicher, daß Du es bist, und springe erregt auf. Deine Stimme! Ach. Im Hinterkopf sehe ich den Film, wie die Neue jetzt eifersüchtig über Deinen Worten wacht. Mich reitet der Teufel. Ich verstricke Dich mit liebendsanfter Stimme (sonst hätte ich es Dir zu einfach gemacht, das Gespräch abzubrechen) in einen grundsätzlichen Diskurs über Liebesbeziehungen. Und weil ich ja genau weiß, wo Du anspringst, nütze ich dies schamlos aus. Ich baue meine Wortstrategie raffiniert auf. Du gehst mir direkt ins Netz, rufst laut und überzeugt «... aber nein! aber nein!, für mich ist das Ganze auch noch längst nicht abgeschlossen!» oder etwas gedämpfter: «Ich könnte mich niemals so schnell seelisch auf eine neue Beziehung einlassen.» Nun weiß ich, daß es hinterher Knatsch mit der Anderen geben wird, und ich denke zufrieden: ‹Das hat dieses miese Luder auch verdient.›

Sie hatte unsere Krise gewittert, hat Dich, wie eine Mücke die Glühbirne, umschwirrt, hat Dich ständig angerufen, wollte Dich unbedingt privat treffen. Und dann, als ich Dir sagte, daß ich mich von Dir trennen wolle, bist Du noch in derselben Stunde zu ihr gerannt. (Und die dumme Kuh hat Dich mit offenen Armen aufgenommen und wollte sich unverzüglich an meine Stelle setzen!)

Nach ca. 20 Minuten willst Du das Gespräch beenden, ich aber gebe Dich nicht so schnell frei und hole nochmals aus. Ich will dieses Gefühl auskosten, Dich so gut zu kennen, um genau zu wissen, welchen Gedankenknochen ich Dir hinwerfen muß, damit Du herumnagst und das Gespräch, selbst wenn Du es wolltest, nicht beenden kannst. Du ereiferst Dich also neu, verstrickst Dich zunehmend – und ich, ja ich gestehe es ungeniert, ich genieße es. Ich will den Schlußpunkt gezielt setzen, will Handelnde und nicht Abgeschobene sein. Also behaupte ich, ich ginge noch aus (was nicht stimmt). Du willst wissen wohin und vor allem mit wem, und ich habe Dich nochmals für mindestens eine Viertelstunde an der Strippe. Ich formuliere meine Antworten vage, Deine Phantasie springt sofort an, rotiert quälend im Hirn. Ich spüre Schmerz in Deiner Stimme. Und das tut mir gut. Jetzt weiß ich, daß für Euch der Honigmondabend mit Sicherheit gelaufen ist. Zum Schluß fragst Du noch, ob ich Dir zwei Weingläser ausleihen könnte. Das sollte wohl der vorgeschobene Grund Deines Anrufes sein. Als ich Deine Anfrage mit «aber selbstverständlich» erwidere, bist Du über meine Großzügigkeit derart enttäuscht, daß Du gleich noch nachdoppelst. Ob ich Euch nicht ein zweites Kopfkissen geben könnte? Schatz, das hättest Du nicht tun dürfen! Das war ein Schuß unter die Gürtellinie. Mein ganzes Gift beginnt zu spritzen. Du schreist in den Hörer, ich soll endlich aufhören –. Immerhin habe ich unser Gespräch auf eine Stunde und zehn Minuten gebracht.

Hinterher heule ich mindestens nochmals eine Stunde. Die Bilder verfolgen mich. Eine Andere, die bei Dir ist und die ganze Nacht bei Dir bleibt. Du wirst zärtlich zu ihr sein, Du umarmst sie, Du küsst sie, Du gehst mit ihr ins Bett... Ich bin plötzlich nicht mehr ganz so sicher, ob das lange Telefongespräch tatsächlich genügt hat, Euch den Abend, die lange Nacht und die Zärtlichkeiten zu vermasseln. Ob ich Dich nochmals anrufen soll und Dich einfach die ganze Nacht telefonisch aus dem «Verkehr» ziehe? Was aber, wenn es mir doch nicht gelänge und Du Dich von mir derart belästigt fühltest, daß Du noch freudiger und mit wehenden Fahnen der Anderen, der Unkomplizierten, der Anspruchslosen in ihre langweiligen Arme eilen würdest?

Ich habe nur eine einzige Möglichkeit, den Abend und die lange Nacht zu bewältigen, indem ich diese schrecklichen Bilder aus meinem Kopf hinauswerfe und vertreibe. Und weil ich ja ohnehin an nichts anderes als an Dich denken kann, könnte ich vielleicht das Neue, das so verdammt schmerzt, durch alte, schöne Erinnerungen an uns in Schach halten. Ja, einfach die Filmspule auswechseln, Programmwechsel. Die Aufnahme der aktuellen Nachrichten mit ihren Schreckensbildern verweigern. Sissi-Filme anschauen! Meine süßesten Erinnerungen werde ich auf den Plan rufen! Sie werden wie Schwertengel an der Pforte wachen und dafür sorgen, daß die neuen Bilder verbrennen, bevor sie zu leben beginnen.

Obwohl es draußen etwas abgekühlt hat, ist es im Haus dennoch zu warm, um Feuer zu machen.

Zuerst sperre ich sämtliche Fenster auf, bis mir kalt wird. Dann hole ich Holz, schichte es auf, zünde es an und bereite alles vor für eine lange Nacht. Wenn ich diese Nacht überlebt habe, ist das Schlimmste überstanden. Vielleicht werden noch einige Tage folgen, in denen ich nicht so heiter und leistungsfroh bin wie sonst. Hinterher würde es aber zweifellos mit mir wieder aufwärts gehen. Nach einer schweren Operation ist ja die erste Nacht auch die schwierigste. Ist diese überstanden, nimmt der Genesungsprozeß seinen Lauf. – Und nur in äußerst seltenen Fällen kommt es nochmals zu Komplikationen.

Ich hole schnell die drei dicken Ordner mit Deinen Briefen und beginne zu lesen. Und augenblicklich überkommt mich eine unbändige Sehnsucht. Ich streichle über das Papier, will noch einmal etwas von Deiner Anwesenheit erhaschen, trinke wieder Deine Worte in mich hinein – aber alles tut weh. Jetzt wünsche ich mir nichts sehnlicher, als daß ich das Zeitrad zurückdrehen könnte. Aber es ist vorbei. Zu spät! Heute wirst Du für die Neue Liebesworte zelebrieren – vielleicht sind es die gleichen wie damals.

Das Feuer im Kamin brennt. Ich lege gleich noch einmal ein dickes Scheit nach, gehe hinters Haus und fülle den alten, vergammelten Korb mit Holz. – Auch das Holz erinnert mich an Dich. Du hast es zersägt, nachdem wir die große Tanne in unserem Garten gefällt hatten. Ich wollte sie ja niemals umlegen lassen. Du aber hast mich damals derart bearbeitet, hast mir den Teufel an die Wand gemalt, hast behauptet, die Wurzeln würden in die Wasserleitungen hineinwachsen und sie durchlöchern. Das ganze Mauerwerk würde feucht werden, bis eines Tages das ganze Haus wie ein von Feuchtigkeit vollgesogener Schwamm über uns zusammensacke. Ich bekam Angst und erteilte dem Gärtner den Auftrag. Nun bist Du nicht mehr da. Ich hätte die Tanne stehen lassen sollen. Du hast dann den dicken Stamm zersägt, ich habe die Scheite aufgestapelt, und heute verbrenne ich eins nach dem anderen.

Das Feuer knistert. Gelegentlich sprüht ein Funke.

Ich lese in Deinen alten Briefen und lasse mich nochmals von Deinen Worten verführen. Dann lege ich den Ordner wieder beiseite, etwas unvorsichtig wohl, beinahe hätte ich die Teekanne umgestoßen. Ich schaue in die dunkelrotgelben Flammen, und Bilder aus der Vergangenheit steigen auf. Wann aber hat denn unsere Geschichte eigentlich angefangen? War es mit dem ersten Brief? Oder erst dem zweiten? Jedenfalls hast Du mir mit Deinen Worten den Kopf verdreht. Gewagte Verse schriebst Du, frech und heiter. Dazwischen ließest Du mich etwas von Deiner feinfühlenden Art ahnen, behutsam bemühtest Du Dich, mich in all meinen Problemen zu verstehen. Es war genau die richtige Mischung zwischen Witz und Ernsthaftigkeit. Ja, und irgendwann verlor ich den Verstand.

Und später, erinnerst Du Dich? Als wir für Dich eine kleine Wohnung in meiner Nähe fanden, wo ich jederzeit aus meiner ehelichen Tiefkühltruhe heraushüpfen konnte, um mit Dir heiße Stunden zu verbringen? Ich kreuzte zu jeder Tages- und Nachtzeit bei Dir auf. Zwischenverpflegung. Ohne Dich wäre ich damals verhungert. Und unser kleines Ruderboot! Ich saß im Heck, und Du rudertest mit kräftigen Schlägen durch die Wellen. Dazwischen liebten wir uns. Die Bordwand war nicht hoch – und es war uns einfach scheißegal. Einmal kam die Seepolizei. Ich war begeistert von diesen einfühlsamen und rücksichtsvollen Männern, die solange gewartet hatten, bis wir wieder angezogen waren. Du lachtest mich damals aus und klärtest mich über die Möglichkeit auf, alles per Fernglas zu beobachten.

Eben bemerke ich, daß das Feuer im Kamin langsam ausgeht. Der Film verblaßt. Es ist schon spät. Ich habe Angst. Sie schleicht mir lautlos den Rücken hinauf ...
Schnell springe ich hoch, renne in den dunklen Garten

hinaus, mutig, ohne Befürchtungen, irgendwelche Einbrecher könnten mir auflauern. Ach, was wäre das gegen die schreckliche Katastrophe der inneren Einbrüche! Ich schleppe nochmals Holz ins Wohnzimmer, lege nach. Die Glut aber, sie will nicht mehr, verschwindet beinahe. Ist das Neue denn doch mächtiger, daß es das Alte zum Erlöschen bringen kann? Ich knie mich auf den Boden und mit meiner ganzen Kraft puste ich in die Glut. Asche stiebt in meine frischgewaschenen Haare. Ich blase heftiger. Nichts rührt sich. Die Glut ist leblos. So schnell aber gebe ich nicht auf! Ich nehme die dicken Holzkolosse wieder heraus, hole schnell dünne Späne und blase noch einmal. Kleine Funken sprühen aus der Asche – und erlöschen sogleich. Dann stecke ich noch ein Stückchen zerknülltes Papier dazu und blase und puste und huste – und da, da springt ein jämmerliches Flämmchen tanzend durchs Papier, – und stirbt ins graue Aschengrab zurück.

Ach, was soll das sentimentale Herumstochern in Vergangenem. Ich mag nicht mehr weiterschreiben. Scheiße! Soll es zu Asche werden. Alles soll in mausgraue Scheißasche zurücksterben. Das Feuer kann mich mal am Arsch lecken! Und du auch! Du liegst mit Deiner elenden Schlampe im Bett, während ich versuche, die letzten Fünkchen zu konservieren. Nein. Schluß damit. Ich geh ins Bett. Der Morgen kriecht eh schon bald herauf.

2. Brief

Guten Morgen – Fabian.
Schlecht habe ich geschlafen! Wie kann man ein rotierendes Hirn zum Stillstand bringen? Wie kriegt man es fertig, einem aufgebrachten Herzen ein beruhigendes Wiegenlied zu summen? Schmerz sitzt mir in den Knochen,

Empörung hämmert durchs Gemüt. Wahrscheinlich besteigst Du gerade Deine Schlampe – als morgendliche Fickeinlage, sie spreizt ihre verschlafenen Schenkel und läßt Dich unbeeindruckt auf ihr herumwippen wie eine müde Gondel im Hafen. Ach, hol Dich doch endlich der Teufel aus meinem Herzen heraus! Soll ich Dir denn wirklich Tränen nachweinen, Dir, der Du Dich unverzüglich mit einer anderen tröstest? Dir, der es nicht fertigbringt, sich hinzusetzen und einfach mal – ein einziges Mal nur! – nachzudenken, was eigentlich geschehen ist? Müssen denn wir Frauen immer die Sache bis zum letzten Tropfen auslöffeln? Scheißtypen! Ihr flüchtet Euch einfach an eine Bar, haltet mit schrägem Kopf das Whiskyglas, dreht es in den Händen hin und her, blickt mit einem katzenjammernden Auge hinein, während Ihr mit dem anderen nach der Bardame schielt. Sie, geübt in diesen Dingen, springt selbstverständlich auf diesen unverkennbaren Fall an. So einfach ist das für Euch! Oder Ihr geht zur Friseuse, prophylaktisch in der sich anbahnenden Krise, bereitet für alle Fälle das Terrain vor, um nahtlos hinüberzuwechseln. So einfach ist das für Euch! Oder Ihr geht einfach in irgendein Konfektions-, Schuh- oder Unterhosengeschäft, quasselt die Verkäuferin an und macht dann gleich einen Termin für den Abend aus. So unbeschreiblich einfach ist das also! Während wir zu Hause sitzen, nicht mehr aus dem Heulen herauskommen und den Boden unter den Füßen verlieren, prahlt Ihr bereits wieder mit erigiertem Kirchturm in Höchstform und rammelt frisch vergnügt Euer Halleluja in neue Lieder. Und sollten wir, irgendwann nach hundert Jahren, endlich wagen, aus dem Haus zu gehen, treffen wir selbstverständlich keinen einzigen interessanten Mann. Sie sind wie vom Erdboden verschluckt! Sollte dennoch irgendwo einer vorüberhuschen, ist er natürlich mit einer anderen zusammen. Und da wir weder zum Barkeeper noch zum Unterwäscheverkäufer oder Friseur eilen, um uns trösten zu lassen, bleiben wir dann auch für den Rest unseres Lebens allein, gottvergessen allein. So einfach und wunderbar ist das alles für Männer und Frauen auf dieser Welt geregelt. Übrigens, ich kenne unendlich viele Frauen, tolle, wunderbare, phantastische Frauen, tüchtige und erfolgreiche obendrein – die entweder mausallein durch ihr Frauenleben waten oder irgendein unterdurchschnittliches Männlein hinter sich herschleppen. Ich kenne aber keinen einzigen tollen Mann, der allein ist. Entweder es gibt eben überhaupt keine guten Männer, sondern nur schlaffe Säcke, oder die tollen stehen längst unter Vertrag und rennen nicht mehr frei herum, gehen nie aus, kurz, lassen sich einfach nicht mehr blicken. Gehen wir ruhig den weiblichen Kreuzgang noch ein Stückchen weiter. Wenn nach einer Trennung der Mann gerade keine passende Bardame, keine Verkäuferin, keine Friseuse, keine Krankenschwester oder kein Postfräulein findet und es ihn geschlechtlich juckt, dann ist auch dies nicht weiter schlimm. Dann geht er entweder in einen Massagesalon mit Feinarbeit oder in einen Puff, oder er nimmt sich schnell eine Straßenprostituierte – je nach Geschmack und finanziellen Möglichkeiten. Sind diese Quellen sehr gut, kann er sich sogar einfach eine Geliebte zulegen, ihr eine nette Wohnung einrichten und zweimal wöchentlich seine sexuelle Notdurft verrichten. So einfach ist das. Aber was machen wir Frauen, wenn wir vor Sehnsucht nach Zärtlichkeit oder vaginalem Hunger beinahe eingehen! Gut. Wir können zwar durch die obere Leibesöffnung Essen in uns hineinstopfen, hinterher alles wieder auskotzen, weil wir ja schließlich nicht fett wie ein Suppenhuhn werden wollen. Fressen-Kotzen, Fressen-Kotzen, rein-raus, rein-raus. Auch könnten wir Massagestäbe kaufen, um uns das vom Unglück verspannte Genick zu lockern, und die vertrocknete Vagina damit beglücken. Das tut doch so gut! Oder wir gönnen uns ein heißes Kräuterbad oder besuchen öfters ein Museum, um entzückt vor irgendwelchen Kunstwerken zu staunen, oder wir gehen in ein schönes Konzert oder ins Theater. Oder wir machen einen schönen Spaziergang, eine schöne Bergwanderung oder eine schöne Reise – jawohl, sich einfach mal irgend etwas Schönes gönnen. Wenn wir nicht alleine gehen wollen, dann gibt es um uns herum genügend Frauen, denen es haarscharf wie uns ergeht. Und wir können uns zusammentun, können gemeinsam das Kunstwerk betrachten, die Musik hören, ins Theater gehen, gemeinsam einen Spaziergang machen, eine Bergwanderung unternehmen, auf eine Reise gehen, sich gemeinsam etwas Schönes gönnen. Gönnen! Ich kann dieses Wort schon nicht mehr hören, ohne das mir dabei kotzübel wird. Ich bin umringt von Frauen, die sich darum bemühen, sich selbst etwas zu gönnen. «Gönnen» ist das trübste Frauenwort. Wenn wir nicht das bekommen, was uns zusteht, werden wir nicht wütend, dann sind wir nicht empört, steigen auf die Barrikaden und schlagen alles kurz und klein – sondern wir besänftigen uns gegenseitig, überlegen, was wir uns selbst gönnen könnten. Wenn die männliche Welt nicht zu unseren Gönnern gehört, gönnen wir uns eben selbst etwas, schließen uns mit anderen Zukurzgekommenen, Verhungerten, Defizitären, Benachteiligten und Frustrierten zusammen – und gönnen uns gemeinsam etwas Schönes. Gemeinsam können wir die leidige Geschichte unserer weiblichen Inkarnation vergessen, verwöhnen uns gegenseitig, machen uns Freude. Und vielleicht denken wir, es ist eigentlich viel schöner und einfacher auf diese Art – ach, weshalb können wir denn nicht einfach unter uns bleiben und allesamt lesbisch werden. Dann hätten wir alle Probleme auf einmal gelöst. Sieben Fliegen auf einen einzigen Schlag! Doch die Möglichkeit, lesbisch zu werden, ist begrenzt. Dieser Weg ist wohl lediglich für jene Beneidenswerten offen, die bereits bei der Geburt diese innere Disposition mitgeliefert bekommen haben. Für alle Fälle. Falls die heterosexuelle Angelegenheit kentert, steht noch ein homosexuelles Beiboot zur Verfügung. Wie ich sie alle beneide! Was zum Teufel ist denn in meiner Kindheit zusätzlich noch schiefgelaufen, daß ich nicht einmal lesbisch werden kann und ich mich damit für den Rest meines Lebens von der größten Crux überhaupt befreien könnte. Weshalb finde ich den Schalter nicht in meinem Hirn? Klick, auf Winterdienst umgestellt. Klick, alle Daten über Männer mit einem einzigen Handgriff gelöscht. Ein kurzer Stromausfall, ein schneller Blitzschlag würde genügen! Spezialkurse müßte es geben, bei denen wir neurotisch Gestörte unter kundiger Führung gezielt lernen könnten, wo wir den Schalter suchen müssen. Wenn wir ihn dann gefunden haben, wird uns beigebracht, auf welche Seite wir ihn zu drehen hätten, damit es klickt. Damit ich nicht noch weitere Jahre meines Lebens in dieser entsetzlichen Wildnis herumirre, irgendwelchen stinkenden Leuchtkäfern nachjage, sondern den erlösenden Weg finde, der mich zu jener Pforte führt, die mir das Reich der Liebe unter Frauen öffnet. Ich würde sofort an einem solchen Kurs teilnehmen, und ich wäre für den Rest meines Lebens saniert. Ich könnte Dir – ohne lange zu überlegen – aus dem hohlen Bauch heraus mindestens 20 wundervolle Frauen aufzählen, in die ich mich, sofern ich eben könnte, einfach verlieben würde. Ich könnte mich bei dem reichhaltigen Angebot kaum entscheiden! Ich sage Dir, ich würde Dir keine einzige Träne nachweinen, sondern mit wehenden Fahnen ins schwesterliche Lager eilen und mich tausendfach entschädigen lassen für diese Scheißzeit mit Dir. Wenn ich es könnte! Da ich es aber nicht kann, lebe ich meine heterosexuelle Fixierung wie eine schwere Behinderung. Ich kaue an meinem Bleistift, quäle Wutwörter durch meine Finger in die Bleistiftspitze und gehe beinahe ein vor Defizit, vor Mangel, vor Manko, vor Minus, vor Unternull, vor Ausfall, vor Einbuße. Ob von oben herunter oder von unten herauf gerechnet, das Total schreit mir so oder so eine bittere Fehlbilanz ins Gesicht.

Bevor ich meinen Schreibblock vor Wut auffresse, höre ich auf. Gehe kurz ins Dorf, um das nötigste fürs Wochenende einzukaufen.

3. Brief

Ach, Fabian, Lieber
Meine ganze Kampfesstimmung sackte unverzüglich auf einen Schlag in sich zusammen, als ich «unser» Geschäft betrat, in dem wir so oft miteinander eingekauft haben. Die Knie begannen zu zittern, mir, die sonst in allen Scheißlebenssituationen senkrecht steht wie ein Wolkenkratzer! Und nun, Herzflattern, wie im Lift, wenn's vom 49. in den untersten Stock hinuntergeht, Herz und Nieren wollen sich nicht an die Spielregeln der Schwerkraft halten und klopfen gegen das Schlüsselbein. Was sollte ich sagen, wenn Frau Buff fragen würde, weshalb ich denn alleine einkaufte? Schlimmer noch, was würde geschehen, wenn Du plötzlich zur Türe hereinkämst, am Arm hinge Deine doofe Tussi? Denn das würde ich Dir ohne weiteres zutrauen. Auf diesem Gebiet kannst Du ja absolut geschmacklos sein! Ich habe also mit einem Auge zum Eingang geschielt, nach draußen, ob Dein Auto viel-

leicht vorfährt. Dann wußte ich plötzlich nicht mehr, was ich kaufen wollte, – nur weg von diesem Ort.

Wieder zu Hause war ich derart erschöpft, daß ich mich ins Bett legen mußte. Bleiern der Schlaf, der in meine Glieder kroch. Ich träumte von Dir. Und von ihr. Sie bekäme ein Kind. Ein blondgelockter Junge. Er lag auf Deinem Bauch wie unsere Katze, und Du warst zärtlich zu ihm. Irgendwann am Nachmittag bin ich von dieser Folter heulend aufgewacht.

Wenn ich so weitermache, drehe ich noch durch. Renne für den Rest meines Lebens wie ein Hamster im Rad weiter, damit die Wut nicht wie ein Vulkan aus mir herausbricht und mich mit pechschwarzer Lava verbrennt.

Ich reinige zuerst das Cheminée. Wohin aber mit der Asche? Du hast sie immer auf irgendeine geheimnisvolle Weise verschwinden lassen. Ich trage sie in den Garten und streue sie dorthin, wo meine Lieblingstanne stand, die ich ja deinetwegen umhacken ließ. Du hast genau gewußt, wie ich an ihr hing, wie ich an jedem einzelnen Baum hänge, und dennoch hast Du mich unermüdlich bearbeitet, endlich die Bäume fällen zu lassen. Du hast doch genau gewußt, daß ich dieses blöde Haus nur wegen der Bäume gekauft hatte! Und trotzdem hast Du mich Tag und Nacht damit genervt, ich solle endlich diese Bäume umlegen lassen. Das hätte ja gerade noch gefehlt! Sämtliche Bäume Dir zuliebe fällen lassen, um hinterher mausallein in einem kahlgeschlagenen Garten zu sitzen, während Du die Terrasse der Anderen mit teuren Edelhölzern ausstaffierst, um händchenhaltend dem Rascheln der Blätter zu lauschen!

Schnell Feuer machen. Mich wappnen mit dem dicken Ordner, in dem ich Deine alten Briefe verstaute. Selbst Dein Geruch steigt aus dem Papier ... Und wieder tragen mich die Flammen zurück in jene Zeit, wo ich mit Dir so glücklich war.

Jetzt, nach all den vielen Jahren, flimmert in den schönen Bildern eine steinalte Sehnsucht –, weiß der Henker, woher sie kommen mag. Alles ist lebendig, als wäre es gestern erst gewesen. Die Gefühle verknoten sich, Wollknäueldurcheinander, welche Farbe gehört wohin? Nochmals hole ich einige Holzstücke, werfe sie in den Kamin, damit das Feuer zischt und flackert und quirlt und züngelt und kracht und knallt. Wenn ich wenigstens wie eine Hexe um die Flammen herumspringen oder auf einem Besen reiten könnte, um die Geister mit dem längsten Furz zu beschwören, der wie ein stinkender Motor zum Hintern herausdröhnt! Um endlich diesen elenden, beißenden, bohrenden Schmerz zu vertreiben! Das ist ein Moment zum Überschnappen, zum Durchdrehen – oder einfach zum Heulen. Ich lasse mich in die weichen Kissen des Fauteuils hineinfallen, wie in die Arme einer Urtrösterin. Sie beruhigt, polstert die Prellungen ab, hüllt ein. Allmählich breche ich durch die Eisdeckenwut.

Später hole ich große Taschentücher, es sind Deine – Du hast sie bei mir vergessen.

Wie wohl es tut, das ganze Gesicht in ein großes Taschentuch zu bergen, den zähen Schmerz aufzuweichen und als Gemisch von Herztränen, Rotz und Trotz aus sich herauszuschwemmen. Ein Tuch nach dem anderen durchtränke ich, krieche mit angezogenen Beinen in den Sessel hinein, ziehe den Kaschmirumhang über mich. Alles ist dunkel, mein gerötetes, aufgeschwollenes Gesicht brennt, aber ich fühle mich allmählich erleichtert. Von weitem höre ich das beruhigende Knistern der Flammen – und aus dem versiegenden Strom von Wut und Schmerz finde ich unsere gemeinsame Zeit, in der nur wir zwei waren. Ich nehme Dich mit unter meine warme Decke, ein letztes Mal, kuschle mich mit meiner Erinnerung noch tiefer in den Sessel hinein, die ruhige Glut wärmt mich, begleitet mich hinüber in die Nacht. Dann bin ich eingeschlafen.

Ich wache durch das Klingeln des Telefons auf. Schrill wirft es mich in den Sonntagmorgen hinein. Ich komme zu spät. Ob Du es warst? Wie liebten wir unsere Sonntage! Du erinnerst Dich, mit den Kindern frühstücken, frische Brötchen, 3-Minuten-Eier, diskutieren und nicht genug von dieser Familienidylle bekommen!

Und plötzlich hockt man alleine in diesen Familienstunden, und all der Zauber ist verschwunden.

Soll ich alleine frühstücken? Aus dem Tiefkühler Brötchen holen und aufbacken? Und so tun, als ob mir das alles nichts ausmacht? Das sind also die unterschiedlichen Lebensphasen, – wenn sich die Verhältnisse drastisch verändern. Sie spiegeln sich darin, wie man den Sonntagmorgen verbringt.

Ich will mich nicht freiwillig in die Kolonne einsamer Frühstückerinnen einordnen, die sich selbstverständlich ein schönes Ei gönnen und sich selbst mit einem wunderschön gedeckten Tisch verwöhnen!

Ich will hinaus! Zum See. Wie früher, wenn ich vor Unglücklichsein zu ersticken drohte. Und er liegt vor mir, weit, in silberner Morgenstille, die kleinen Uferwellen schaukeln den Mond aus dem Schlaf, und beinahe steigt gelassen ein neuer Tag auf. Ich gehe über die alten Steine, mir alles seit einer Ewigkeit vertraut. Das Licht bricht sich zögernd am Horizont –. Der Schmerz in meiner Brust überschlägt sich wie eine Welle, kippt in einen winzigen Jubel hinüber. Pfingstweißes Licht sammelt sich zum kleinen Morgenfest. Und ich mitten drin, für einen tiefen, stillen Atemzug.

Da unten am See erahne ich etwas von dem Glück, Dich

vergessen zu können. Und ich fühle, das ist das Ufer meines neuen Lebens.

In unserem Landgasthof trinke ich einen Kaffee. Dann kommen erste Gäste. Auf dem Seeweg tauchen Spaziergänger auf. Es sind nur Paare unterwegs. Und es tut wieder weh.

Trotzdem gehe ich gestärkt und zuversichtlich nach Hause. Ich will mich nicht mehr wehmutsvoll ganze Nächte vor den Kamin werfen und in alten Erinnerungen herumstochern. Ich räume den ganzen Plunder weg. In einem ersten Anflug von neuer Lebensfreude habe ich sogar Lust, Deine Briefe einfach in die Flammen zu schmeißen. Doch dieses großartige Gefühl hält nicht lange an. Immerhin aber sammle ich mutig Deine Photos ein, die herumliegen, oder als Buchzeichen in meinen zahlreichen Wörterbüchern verstreut sind. Als letztes fische ich Dich noch aus dem Herkunftswörterbuch heraus, wo Du mich auf sämtlichen etymologischen Ausflügen begleitet hattest. Bei dieser Gelegenheit begegne ich auch noch einem Photo meines Vaters, das in einem Silberrahmen hinter einem Stapel von Büchern liegt. Es fliegt ebenfalls raus. Ich werfe Euch beide in eine alte Schuhschachtel, binde sie zu, verknote sie mit festem Griff und verstaue Euch auf dem Speicher in einer dunklen Ecke. Ich will Schluß mit meinen alten Geschichten machen und endlich ungehindert leben können. Nach dieser Säuberungsaktion fühle ich mich beinahe gut.

Hoffentlich geht es Dir ebenfalls gut. Liebe Gedanken an Dich ...

4. Brief

Guten Morgen, lieber Fabian,
Ich bin froh und erleichtert, das erste Wochenende hinter
mich gebracht zu haben, ohne als Häufchen Elend irgendwo in einer Ecke liegen zu bleiben und Dir weiter
nachzuflennen. Ich sehe für mich durchaus neue Lebens-
perspektiven, wenn auch nur in kurzen Momenten – aber
immerhin. Ich bin jedenfalls davon überzeugt, daß ich es
ohne Dich schaffen werde.

Doch dann rufst Du gleich am Montagmorgen in aller
Herrgottsfrühe an, Deine Stimme erwischt mich, packt
mich am Schopf, ich werde rückfällig und lande jäh im
Schmerzpfuhl. Sofort rattert in mir die Rechenmaschine,
ich kalkuliere, daß Du die Andere wohl zum Bahnhof
oder – im Glück erster Benommenheit – sie gar die beinahe einstündige Fahrt zur Arbeit chauffiert hast und jetzt
das Alleinsein nicht ertragen kannst. Ich gebe mich gelassen, hoch beschäftigt, schließlich will ich Dir die Freude
nicht gönnen, daß Du etwa annehmen könntest, ich sei
das ganze Wochenende heulend und allein in meinen vier
Wänden gesessen. Du willst mich unbedingt besuchen.
Ein starkes Stück, mein Lieber! Übers ganze Wochenende nichts von Dir hören lassen, die Zeit mit einer Neuen
vertreiben, und wenn sie nun gerade nicht zur Verfügung
steht, greift Mann einfach in die alte Spielzeugtruhe.
Zwar, das gebe ich gerne zu, will auch ich Dich sehen,
aber sicherlich nicht, wenn die Andere bei der Arbeit ist
und Du mich als Lückenbüßer in eine tote Stunde einbau-
en willst. Ich könne erst am Abend, lüge ich. Bereits am
Telefon teilst Du mir mit, wie toll Du es übers Wochenende mit Deiner Neuen gehabt hättest, vor allem sexuell.
Und ich erzähle Dir, wie ich es ebenfalls himmlisch verbracht hätte, natürlich mit einem phantastischen Mann,

und wie aufregend es gewesen sei, Sexualität vollkommen anders und neu zu erleben. Du stapelst gleich noch drauf, daß Ihr vor lauter sexueller Lust und Freude das ganze Wochenende im Bett geblieben wärt. Ich werde vor Schmerz beinahe ohnmächtig, überstehe diesen Dolchstoß nur, indem ich Dir kühl mitteile, «uns» sei es ebenso ergangen. Wir lügen das Blaue vom Himmel herunter und – glauben uns kein Wort. Und plötzlich wird mir ganz leicht ums Herz. Ein spezieller Teufel reitet mich, ich schlage Dir vor, noch eine letzte Ehrenrunde im Bett miteinander zu drehen. Schließlich hätten wir es doch auf eine respektable Zeitspanne geschlechtlicher Ausschließlichkeit gebracht, und da wäre es doch nun sicher einerseits höchst interessant, gewisse Vergleiche anzustellen. Außerdem kämen wir so zu einem würdigen Abschluß. Du bist sofort damit einverstanden (daraus folgere ich, daß es mit der Neuen ziemlich beschissen gewesen sein muß). Wir beschließen auch, vorher noch ein letztes Mal unseren Nachtspaziergang zu machen. Ich bin den ganzen Tag aufgeregt und kann es kaum erwarten, Dich zu sehen. Dann kommst Du, strahlend, vollgetankt mit Energie und in bester Laune. Ich habe Dich schon lange nicht mehr so gesehen. Ist das die neue Liebe, die Dich so verändert hat? Sind etwa meine Spekulationen doch falsch? Bevor ich zum Nachdenken komme, liege ich in Deinen Armen, wir küssen uns und ich hake mich bei Dir in uralter Gewohnheit unter. – Wir gehen unseren Weg, und ich sterbe fast vor Traurigkeit. Ich kann mir plötzlich nicht mehr vorstellen, wie ich ohne Dich leben könnte. Zuerst gehen wir einfach schweigend nebeneinander her. Aber dann machst Du einen großen Fehler. Du erzählst, wie Du mit der Anderen ein neues Leben aufbauen willst. Endlich mal eine normale Frau, die einen stinknormalen Job hätte, mit der Mann stinknormale Gespräche führen könne, die die gleiche stinknormale Musik wie Du höre und mit der Du endlich Spaß an den gleichen stinknormalen Filmen haben könntest. Und ich spüre, daß Du es ernst meinst. Unauffällig lasse ich meinen Arm aus Deinem gleiten, höre Dir aufmerksam zu, es wird immer enger in meiner Brust, und ich kann kaum noch atmen. Aber es ist Nacht. Du siehst meine Not nicht. Irgendwie weiß ich auch genau, durch diese Trennung muß und will ich durch. Sternenklar der Himmel über uns. Ich denke, es sind die gleichen Sterne wie damals, als ich mich von Andreas getrennt habe, von Daniel, von Roger, von Kurt, von Alex, von Peter, von Gerhard, von Bernd, von Hermann, von Christian, von Marc, von Roland. Es sind die gleichen Sterne wie damals, als ich mich von Bijou, dem kleinen Hund verabschieden mußte, von Rex, dem großen Schäferhund, als ich mich von meiner Puppenstube trennen mußte, von meiner Spiegelkommode – und als ich irgendeinmal beschloß, endgültig Abschied zu nehmen von der heimlichen Hoffnung, jemals an ein Ziel zu gelangen, das ich mit Worten nicht benennen konnte. Damals bin ich nicht gestorben, und ich werde auch diesmal nicht untergehen. Ich schaue Dich von der Seite an, will meine Augen trainieren, damit sie sich allmählich auf Distanz einstellen, um Dich aus der Optik vertrauter Nähe zu entlassen. Noch in dieser Nacht will ich den Blick schulen, will soweit kommen, daß ich Dich wie einen Fremden anschauen kann! Zwischen Dir und mir soll etwas Trennendes wachsen, das uns voneinander entfernt und mir die Kraft gibt, Dich kritisch zu sehen. Mein Blick soll sich unerbittlich auf Abgrenzung zu Dir einüben, damit ich unerschütterlich ins Finale einlaufe, überzeugt, daß dieser Mann, der da neben mir hergeht und unentwegt begeistert von einer Anderen schwafelt, absolut und endgültig nichts mehr mit mir zu tun hat.

Am Ende unseres Spaziergangs ist es soweit. Ich habe nicht einmal mehr Lust, mich von Dir ein allerletztes Mal küssen zu lassen. Ich verabschiede mich rasch von Dir und eile nach Hause.

So. Das wär's gewesen.

Aus.

Endgültig und für immer Schluß und vorbei.

Plötzlich kann ich aufatmen, und ich fühle mich von einer unbeschreiblichen Last endlich befreit. Noch in dieser Nacht beginne ich, die Möbel umzustellen. Gleich am nächsten Morgen werde ich den Maler anrufen und alles umstreichen lassen. Es wird alles anders werden! Ich werde ein völlig neues Leben führen. Endlich könnte ich mich in Zukunft mit interessanten Menschen treffen. Ich würde interessante Gespräche bis tief in die Nacht hinein führen. Ich würde einen literarischen Zirkel gründen mit interessanten Schriftstellerinnen und Schriftstellern. Wir würden uns ganze Nächte hindurch gegenseitig Texte vorlesen und könnten nicht mehr aufhören, miteinander zu diskutieren. Ich bin endlich frei, muß keine Rücksicht mehr auf Dich nehmen, der Du doch nur immer von blöden Computern geredet hast, die niemanden interessieren!

Ich werde ein neues und aufregendes Leben beginnen und vielleicht irgendwann wieder einmal an Dich denken.

Mach's gut, mein Lieber, und genieß auch Du Dein unkompliziertes Glück.

5. Brief

Hallo, lieber Fabian,
inzwischen sind einige Wochen vergangen. Ich war derart mit der Organisation meines neuen Lebens beschäftigt, daß ich keine Zeit mehr fand, meine Briefe an Dich weiterzuführen. Oder wenn ich ganz ehrlich bin, ist mir vorübergehend die Fähigkeit abhanden gekommen, passende Worte für das, was mich bewegte, zu finden und sie auch noch aufs Papier zu bringen – Schreibblockade.

Nach unserem letzten Treffen fühlte ich mich gut und von tonnenschwerer Last befreit. Dann riefst Du mich noch einige Male an. Es gab noch dies und das zu regeln. Ich war meist kurz angebunden, wollte mich nicht auf Dich einlassen. Einmal hast Du geweint. Es brach mir fast das Herz, weil ich nicht mitansehen konnte, wie schlecht es Dir plötzlich ging. Das ist übrigens eine typische Frauenkrankheit, an der ich besonders gelitten habe. Wir Frauen kümmern uns um den Anderen und vergessen uns selbst dabei. Als ich auch noch diese Klippe überstanden hatte, war ich sicher, alles zu einem guten Ende gebracht zu haben.

Dann organisierte ich gleich mit Kolleginnen und Kollegen die erste Diskussionsrunde, bestellte den Maler, fuhr zu einer Möbelausstellung und kaufte eine neue Sitzgruppe. Ach, nie geahnte Unbeschwertheit!

Dann kaufte ich mir einen Hosenanzug – endlich. Du mochtest Hosen an Frauen nicht. Aber jetzt muß ich mich nach niemandes Geschmack richten. Keiner, der mich in einer bestimmten Rolle oder einer bestimmten Kostümierung lieber hat! Das ist wohl das größte Gefühl! Frei und völlig ungebunden zu sein. Manchmal fühlte ich bereits meine Flügel wachsen. Oft ging ich mit einer Freundin in schöne Konzerte, ins Theater oder in die

Oper. Oder wir dinierten im Grand National, das Dir stets zu vornehm und zu teuer war. Endlich konnte ich auch die vielen für derartige Anlässe zusammengekauften Kleider ausführen. Ich blühte auf, nahm in wenigen Wochen einige Kilo ab – Du hast es ja gesehen. Nun war es auch an der Zeit, mein Leben mit neuen Männern zu kolonisieren. Und weil ich so etwas nicht dem Zufall überlassen wollte, nahm ich es selbst in die Hand. Vor allem aber wollte ich darauf achten, ausschließlich normale Männer auszuwählen, verzeih mir diese Bemerkung, aber ich fühlte mich durch die Zeit mit Dir überstrapaziert, und meine Nerven waren aufs äußerste angespannt. Ich startete gezielt drei Telefonate. Den ersten Mann, den ich anrief, kannte ich nur flüchtig. Er hatte mir bei einer Vernissage, der letzten Veranstaltung, die wir noch gemeinsam besucht hatten, heimlich seine Visitenkarte mit dem vielversprechenden Kommentar zugesteckt: «Falls-Sie-mal-Zeit-und-Lust-haben-sollten-ich-würde-mich-freuen.» Ich fiel also gleich mit der Tür ins Haus. Ich hätte sowohl Zeit als auch Lust. Er auch. Das traf sich gut. Er lud mich zum Nachtessen in ein sehr schönes Restaurant ein – und ich schmolz dahin. Einmal mein Essen nicht selbst bezahlen müssen! Dann begann ich sofort zu überlegen, was ich anziehen sollte und mit dieser Frage war ich einige Stunden beschäftigt. Als ich mich endlich für ein passendes Kleid entschieden hatte, in dem ich hoffte, besonders vorteilhaft auszusehen – Du kennst da ja meine Probleme – rief er nochmals an, wahrscheinlich käme er etwas später. Und da er mir nicht zumuten wolle, eventuell lange an einem gedeckten Tisch warten zu müssen, schlage er vor, daß wir uns ganz ungezwungen in einer kleinen Pizzeria treffen könnten. Selbstverständlich war ich damit einverstanden! Ja, ich entdeckte sogar in seinem Vorschlag Zeichen echter Einfühlsamkeit, die ich bei Dir immer stärker vermißte. Ich war nochmals intensiv damit beschäftigt, meine Garderobe umzudisponieren, eher etwas Unauffälliges sollte es sein. Als ich dieses Problem dann auch gelöst hatte, rief er nochmals an, wahrscheinlich könnte es sogar ziemlich spät werden. Ein verflixter Tag sei das heute. Natürlich hatte ich auch dafür Verständnis. So blieb nur noch die Möglichkeit, mich zu Hause zu besuchen – und das war schließlich auch nicht schlecht. Dadurch könnte ich die vielleicht lange Zeit des Wartens für mich nutzen, meinte er.

Endlich ein Mann, der sich Gedanken um mein Wohl machte! Zuerst begann ich, das ganze Haus aufzuräumen. Er sollte keinen schlechten Eindruck von mir bekommen und gar denken, ich sei nicht häuslich. Dann duschte ich, wusch die Haare, cremte und puderte mich mit köstlichen Düften ein. Schließlich konnte man ja nie wissen. Meine Garderobe plante ich nochmals kurzfristig um. Ich wollte ihn weder zu nüchtern sachlich noch zu plump verführerisch empfangen. Ich holte die echte Perlenkette hervor, die ich mit Dir kaum getragen habe, weil Du sie nicht besonders mochtest. Schließlich war er ein Geschäftsmann größeren Kalibers (und nicht ein kleines weltfremdes Computerfritzchen!), da konnte ich mich nicht in unechtem Schmuck präsentieren. Um mir die Zeit bis zu seiner Ankunft zu vertreiben, wollte ich in einem interessanten Fachbuch lesen. Da ich mich aber überhaupt nicht darauf konzentrieren konnte, legte ich das Buch nach wenigen Minuten wieder weg. Ich zog in Erwägung, irgendwelche körperliche Arbeiten zu verrichten, verwarf diesen Gedanken jedoch schnell, da ich dadurch ins Schwitzen hätte geraten können, und all die herrlich duftenden Essenzen wären im Eimer gewesen. Zudem hätte ich mir auch die frisch lackierten Nägel ruiniert. Das einzig Ungefährliche war das Telefonieren. Ich rief meine Freundin an. Bereits nach den ersten Worten fiel mir ein, daß er vielleicht nochmals anrufen könnte. Also verabschiedete ich mich rasch. Morgen würde ich ihr dann alles in Ruhe erzählen können. Dann setzte ich mich vors Fenster und wartete. Schaute, ob nicht bald sein Auto vorfahren würde. Wartete und schaute. Schaute und wartete. Von 19 Uhr bis 21 Uhr 30. Dann war es soweit. Ich eilte ihm behende entgegen und öffnete mit großer Geste die Haustür. Die Begrüßung fiel etwas kompliziert aus, weil er in der einen Hand ein kofferähnliches Gerät mit sich führte, in dem eine tragbare Telefonstation eingebaut war. Es war mir sofort klar, daß er als Karrieremann dafür zu sorgen hatte, stets und überall telefonisch erreichbar zu sein, um ohne Unterbrechung am Pulsschlag der Geschäftswelt angeschlossen zu bleiben. Ich war voller Bewunderung. Er richtete sich in einem meiner neuen Polstersessel ein. Gott sei Dank hatte ich unverzüglich nach der Trennung von Dir meine alten Möbel rausgeschmissen. Du hattest vollkommen recht, kein anständiger Mensch hätte sich daraufgesetzt. Er erzählte mir mindestens 15 Minuten von seinen geschäftlichen Transaktionen. Ich hörte zu und war irgendwie sprachlos über soviel Kompetenz und fachliches Wissen. Was für ein Mann!, dachte ich – sorry. Ich servierte ihm unauffällig ein Glas Champagner, so, als ob das zu meinen Gewohnheiten gehören würde. Vor zwei Tagen waren prompt die neuen Champagnergläser eingetroffen, die ich mir ebenfalls im Zuge der Neuerungen für den literarischen Zirkel angeschafft hatte. Plötzlich schrillte sein Telefon: «Aber nein», hörte ich ihn sagen, «die Sitzung hat eben etwas länger gedauert, als ich dachte. Ich bin gerade dabei, noch das Protokoll zu diktieren, dann komme ich sofort.» Ich fühlte mich ziemlich daneben und entschuldigte mich, ich hätte nicht gewußt, daß er verheiratet sei. Ach, meinte er, das hätte auch weiter keinerlei Bedeutung. Sie würden eine total offene Ehe führen, und sie würden sich in totaler Offenheit alles erzählen. Jeder sei völlig frei und mache das, was er für richtig halte. Er wurde dann aber doch etwas unruhig, trank sein Glas leer und verabschiedete sich nach kurzer Zeit. Er wollte sich wieder telefonisch melden.

Da saß ich also, frisch geduscht und mit köstlichen Essenzen geölt, weder allzu sachlich nüchtern noch zu plump verführerisch gekleidet. Hatte die Wohnung säuberlich aufgeräumt, hatte größtes Verständnis für seine verschiedenen Zeitverschiebungen gehabt, war eine artige Zuhörerin gewesen, und doch ging alles daneben. Das nächste Mal muß ich es eben noch besser machen, das war mir klar. Ich machte noch einen kleinen Nachtspaziergang, alleine, schaute nach, ob in Deiner Wohnung vielleicht Licht brannte. Alles war dunkel. Am nächsten Tag wollte ich gleich meine Freundin anrufen, um ihr alles zu erzählen, tat es dann aber doch nicht, weil ich dadurch meine Telefonleitung blockiert hätte. Ich ging drei Tage nicht mehr aus dem Haus. Und wenn, nur kurz, damit ich auf alle Fälle da wäre, sollte er anrufen. Am dritten Tag kam ein kurzer Anruf von ihm. Er hätte gegen Abend ein Stündchen Zeit. Wie freute ich mich darauf! Ich richtete mich wieder sorgfältig her – für alle Fälle. Nachdem ich dann zwei Stunden auf ihn gewartet hatte, rief er nochmals an, es sei nun doch noch etwas Unvorhergesehenes dazwischen gekommen. Selbstverständlich hatte ich dafür Verständnis. Vielleicht klappe es am nächsten Tag.

Nachts konnte ich nicht mehr schlafen. Wie, wenn das nun endlos so weiterginge? Warten – hoffen – verstehen, warten – hoffen – verstehen. Ich hatte plötzlich keinerlei Perspektiven mehr für mein Leben. Die vielen interessanten beruflichen Projekte, die ich verwirklichen wollte, die mich begeisterten, an denen ich mit viel Freude arbeitete, waren wie vom Erdboden verschluckt. Ich hatte nur noch eines im Kopf, wann und ob ER kommt. Dazu muß ich noch erwähnen, daß ich nicht etwa verliebt war. Es war ein anderes Gefühl. Es fühlte sich wie ein Programm an, das ich zu erfüllen hatte, falls ich überleben wollte. Die Beschäftigung mit diesem Mann, in den ich weder verliebt war, für den ich noch sonst irgendwelche heißen Gefühle empfand, war die Garantie dafür, daß ich überhaupt existierte. Kannst Du so etwas verstehen? Also, wie wenn ich keine andere Wahl gehabt hätte, keine Möglichkeit, eine freie Entscheidung zu treffen. Ich jedenfalls kann es selbst nicht verstehen, was sich da abgespielt hat.

Dennoch blieb mir ein kleiner Rest von Verstand, der mir die Aussichtslosigkeit meiner Position deutlich vor Augen führte. Ich wollte mich so schnell wie möglich von dieser leidigen Geschichte verabschieden. Tat es, indem ich mich unverzüglich der nächsten zuwandte. Ich verabredete mich bereits für den kommenden Tag mit einem anderen Mann. Wir hatten im Sommer ziemlich unverblümt miteinander geflirtet. Damals hatte ich Dir nichts davon erzählt, um Dich nicht unnötig zu beunruhigen. Du hast mir allerdings hinterher gesagt, daß Du auf den Tag genau sagen könntest, wann ich ihn kennengelernt habe. Wir trafen uns nach Geschäftsschluß in seinem Büro. Nachdem seine Sekretärin das Haus verlassen hatte, begann er sofort, wild an meinem Busen herumzugrabschen, und ich war derart hilflos, daß ich nicht wußte, wie ich mich verhalten sollte. Mein Gott, ich hatte mich so an Dich gewöhnt, daß ich schon vergessen hatte, wie frau sich auf freier Wildbahn zu benehmen hat, wenn Mann an ihr herumfummelt. Mit Dir war alles so einfach. Wir hatten stets viel gelacht miteinander – Du erinnerst Dich? –

und nun blickte mir plötzlich jemand mit todernster Stiermiene ins Gesicht. Ich befürchtete, etwas falsch zu machen, und versuchte ihn ebenfalls ernst anzuschauen, was mir nicht gelang. Ich kicherte etwas verlegen, dann versuchte ich, mich aus seinen immer heftiger werdenden Umarmungen unauffällig herauszuwinden und lächelte ihn dabei freundlich beschwichtigend an, um ihn unter keinen Umständen zu kränken. Zugleich bemühte ich mich auch noch, möglichst den Bauch einzuziehen – Du weißt, meine schwache Stelle –. Eigentlich war mir zum Heulen zumute. Ich bekam großes Heimweh nach unserer ach so heiteren, unkomplizierten Vertrautheit. Mein Bauch, der so schön in Deine Magenmulde hineinpaßte, als hätte der liebe Gott sie eigens dafür geformt – und nun – es war zum Verzweifeln! Ich sage Dir, der Rest war nicht minder ernüchternd. Sein stieräugiges Fieber verglühte, mit stummem Fischgesicht hing er über mir, schnaubte plötzlich verkniffen wie ein gehetzter Gaul, der über schreckliche Hindernisse gejagt wird und hopp und hopp und – aus der Traum. Das war's. Ich konnte mir mit dem besten Willen nicht vorstellen, es irgendwann ein zweites Mal zu wagen. Dieses Erlebnis hatte mich an den Rand meiner Zuversicht gebracht, daß ich es jemals mit irgendeinem anderen Mann auf einen grünen Liebeszweig bringen würde. Ich rief in meiner Verzweiflung Philipp an, Du weißt, mein alter Freund und Berufskollege, um mich mit ihm zu treffen und meine Pannen zu besprechen. Als wir uns sahen, hatte ich bereits das letzte Stadium totaler Unfähigkeit erreicht. Ich stolperte im Lokal über einen Stuhl, schürfte mir das Schienbein so gemein auf, daß mir die Tränen aus den geschminkten Augen kullerten und ich aussah wie ein Clown. Später dann, im Gespräch, warf ich zuerst mein volles Glas Traubensaft um, das mir über den wollweißen Rock tröpfelte, hinterher brannte ich mit der Zigarette noch ein Loch in den Ärmel meines neuen Blazers. Ich war dort angelangt, wo Frauen allmählich ihren Verstand verlieren, wo sie zu hilflosen, kleinen Mädchen werden – und größte Gefahr laufen, sich dankbar an den nächsten Trottel zu hängen. Ich erinnerte mich an ein fernes anderes Leben, in welchem ich funktioniert hatte, selbstsicher und selbstbewußt mein Leben gemeistert hatte – ohne Meister.

Um mich selbst vor mir und diesen selbständig ablaufenden Programmen zu schützen, beschloß ich, vorerst keine weiteren Vorstöße in Richtung Mann zu unternehmen. Schließlich habe ich viele Freundinnen, einen interessanten Beruf und viele Dinge, die mich neugierig machen. Brauche ich denn überhaupt einen Mann? Ich habe doch nur schlechte Erfahrungen gemacht, und meinen Freundinnen ergeht es ebenso.

Ich begann also, möglichst viel zu unternehmen, was mir besonders Spaß machte. Und eh ich mich versah, war ich prompt dort angelangt, wo ich eigentlich nie hin wollte: Im Land der Frustrierten, wo die gesamte Energie dafür eingesetzt wird, dem Alleingang doch noch etwas Schönes abzugewinnen. Innerlich jedoch trocknete ich allmählich vor mich hin wie eine Pflanze, die kein Wasser mehr bekommt.

Eigenartigerweise aber funktionierte ich in der beruflichen Etage wie eh und je, vielleicht sogar noch etwas besser. Wenn sich die gesamte Frustration auf einen einzigen Punkt zusammenballt, sich senkrecht wie ein wieherndes Pferd aufbäumt, um in äußerster Wutkonzentration über sämtliche Hindernisse hinwegzugaloppieren – dann werden Leistungen gesteigert. Verstehst Du, es ist nicht einfach ein plumper Willensakt der Sublimation, es ist viel mehr, es ist eine Kriegserklärung an die eigene Existenz. Es geht um siegen oder verlieren. Siegen heißt leben, verlieren bedeutet Untergang. Schließlich ist dies doch das altbewährte Rezept, wie Männer ihren privaten Frust kompensieren: sie werden ungeheuer erfolgreich! Hinter jeder Karriere steht ein persönliches Dilemma. Was würde einen sonst dazu veranlassen, Tag und Nacht an irgendwelchen Projekten nimmermüd herumzustudieren, um sie mit gigantischem Kraftaufwand auch noch zu realisieren? Wer würde nicht lieber einen schönen Sonntagnachmittag dazu benützen, einfach untätig herumzusitzen und das Nichtstun zu genießen? Berufliches Engagement als Schutzzone gegen das eigene Unglück. Ich legte mir also ein absolut schußsicheres Berufskorsett an, kanalisierte meine gesamte Wutenergie in meine Tätigkeit – und erhielt dafür erstaunlich viel Resonanz.

Und dann geschah etwas, was ich zunächst selbst nicht verstehen konnte.

Aber das will ich Dir alles morgen weitererzählen. Ich bin müde geworden und gehe ins Bett.

Alles ist still im Haus. Auch die Uhr tickt nicht mehr. Seit Du nicht mehr da bist, zieht sie niemand mehr auf.

Fabian, Lieber, ich wünsche mir nichts sehnlicher, als daß Du nun glücklich bist. Schlaf gut.

6. Brief

Guten Morgen Fabian,
stell Dir vor, heute ist mir etwas Seltsames passiert, was mich nochmals – für einige Augenblicke nur – um Wochen zurückwarf. Nachdem ich aufgestanden war und die Katze gefüttert hatte, deckte ich ganz in alter Gewohnheit für zwei den Tisch. Ich erschrak, als es mir bewußt wurde. Im Alltag, in diesen vielen kleinen Unternehmungen, die sich automatisch vollziehen, ist die Gefahr am größ-

ten. Es ist, als ob der Körper noch nicht die ganze Realität begriffen hätte. Immer wieder verübt er Handlungen, die an der Gegenwart vorbeizielen. Er hat sein eigenes Gedächtnis, hartnäckig weigert er sich, die alten Daten zu löschen und neue zu speichern. Da habe ich es doch viel einfacher mit meinem Verstand. Sobald ich beginne, darüber nachzudenken, geht es mir augenblicklich wieder besser. Er hat begriffen, er verwickelt mich nicht stets in Situationen, die schmerzen. Im Gegenteil, er läßt nichts unversucht, mich ständig mit neuen Plänen abzulenken.

Gut. Ich wollte Dir ja weiter erzählen. Also hör zu: Ich fuhr, wie so oft in jener Zeit, nachts nach einem Vortrag nach Hause. Die 1,20 m langstieligen Blumen, die mir zum Schluß überreicht worden waren, hatte ich nach mühseligem Hin- und Hermanövrieren diagonal durch den Innenraum des Autos gelagert, wobei ich auch noch meinen frisch aus der Reinigung stammenden Mantel ruinierte, den ich als Stütze zu einer Kugel zusammengerollt hatte. Ich machte mir ernsthaft Gedanken darüber, wie ich es anstellen könnte, nicht mehr ständig diese überdimensionierten Blumensträuße zu erhalten. Jetzt, ohne Dich, wollte ich ohnehin keine Blumen mehr im Haus. Das Wohnzimmer sah in dieser vortragsreichen Zeit aus wie ein Friedhof mit Frischgräbern. Und weil ich die Blumen zu lange in der Vase stehen ließ, ohne frisches Wasser nachzugießen oder Verblühtes abzuzupfen, roch allmählich alles unangenehm faulig und süßlich. Schließlich überließ ich den Blumensträußen mein Wohnzimmer. In diesem Herbst erinnerten mich abgeschnittene Blumen an Frauen, die in ihrer ganzen Schönheit blühen, als versuchten sie mit letzter Kraft, den verlorenen Wurzelgrund wiederzufinden. Wir Frauen stehn wie Blumen in der Vase. Unsere Zeit des Blühens ist beschränkt. Vergänglichkeit. Altern. Dahinwelken. Frauendepression. Erinnerst

Du Dich an letztes Jahr? Das ganze Wohnzimmer stand
voller Blumensträuße, so daß wir beinahe keinen Platz für
den Christbaum fanden – hingegen kein einziges selbstge-
backenes Plätzchen im Hause. Ich haderte damals mit
dem Himmel und meiner verdammten Rolle auf Erden.
Alles lief falsch und daneben. Ach, wär ich ein Mann,
wäre ja alles kein Problem. Ich hätte eine liebe, bienenfleißige Frau, die in der Beerenzeit flink und behende köst-
lichste Konfitüre einkochen und im Advent meine mit
Honig gesüßten Lieblingsplätzchen backen würde, während ich auf der beruflichen Bühne von Vorstellung zu
Vorstellung eile und den Applaus entgegennehme. Weil
ich aber selbst eine Frau bin, geht das leider nicht. Kein
Mann, auch im Zeitalter der neuen Männlichkeit findet
sich noch keiner, der sich mit Beerenpflücken, Kochen
und Plätzchenbacken die Zeit vertreibt – verstehe: zu wenig Prestige und Erfolg ist mit dieser aufwendigen Arbeit
verbunden. Es ist das schreckliche Los von uns Frauen,
daß man uns, weil wir weiblichen Geschlechts sind, eine
Pflichtenliste in die Wiege legt, deren Erfüllung einst unseren Wert als Frau bestimmen wird. Dazu gehört, daß
wir sämtliche zudienenden, pflegenden Handgriffe bestens, wie im Schlaf beherrschen. Daß wir mit emsigen
Händchen, lächelnd singend um die männlichen Statuen
herumputzen, beschwingt Staub wischen und uns um ihr
Wohl kümmern. Daß wir hervorragende Speisen zuberei-
ten, die den männlichen Gaumen in Entzücken versetzen.
Springt irgendwo ein Knöpfchen ab, sind wir ebenso
schnell zur Hand, und eins, zwei, drei, ist es wieder ange-
näht. Diese Fähigkeiten gehören zur Standardausrüstung
jeder Frau. Falls sie sonst noch andere Neigungen verspüren sollte, kann sie dem ruhig nachgehen – selbstverständlich ohne das ihr Naturgegebene zu vernachlässigen. Es
gehört zum weiblichen Programm, Doppeltes zu leisten,

also Vorträge halten, Seminare leiten, Bücher schreiben *und* Weihnachtsplätzchen backen. Du weißt, ich habe mich zehn verheiratete Jahre lang in dieser trübsinnigen Frauentätigkeit abgemüht, übrigens, es ist der einzige Beruf, in dem ich absolut erfolglos blieb.

Unglückseligerweise hängt die Qualifikation der Mutterrolle aufs engste mit den hausfraulichen Fähigkeiten zusammen. Eine Frau, die nicht kochen kann, ist eine schlechte Mutter. Eine Frau, die nicht begeistert den andern den Dreck wegputzt, ist eine verdächtige Mutter. Eine Frau, die grundsätzlich mit all dem Mühe hat, ist überhaupt keine Mutter. Beim Mann ist das anders. Dank seines Geschlechts darf er je nach Neigung und Interesse wählen. Er wählt die Frau aus, die ihm gefällt, wählt den Beruf, der ihm Spaß macht. Er kann sich seinen Neigungen gemäß spezialisieren. Er kann z.B. Psychologie studieren, eine eigene Praxis eröffnen, kann in der Freizeit psychologische Fachliteratur lesen und sich ganz in sein Gebiet vertiefen. Er kann sich ausschließlich um das kümmern, was ihn interessiert. Er muß sich nicht fragen, ob irgend etwas Eßbares im Hause ist, ob für Klopapier gesorgt ist, für Zahnpasta, Katzenfutter und die 788 Kleinigkeiten für Küche, Hausapotheke, Bastelecke und den Freizeitbereich. Eine Vielfalt wie in einem Gemischtwarenladen. Jede Frau, die einen reibungslos funktionierenden Haushalt organisiert, könnte ebenso ein kleineres Unternehmen führen. Das geht aber deshalb nicht, «weil sich ja schließlich einer (eine) um Haus und Hof kümmern muß. Wo kämen wir denn da hin, wenn sich jede/jeder beruflich verwirklichen wollte!» Das ist doch ganz klar! Wer im Beruf steht, kann sich – falls er männlichen Geschlechts ist – weder um Elternabende noch um Hausaufgaben kümmern, ganz zu schweigen von sonstigen Schwierigkeiten, die Kinder haben könnten. Dafür ist doch eine Mutter da. Auch muß er die Katzen nicht zum Impfen bringen, sondern kann, sollte er gelegentlich Lust dazu verspüren, sie kurz mal hinterm Ohr kraulen. Und sollte es ihn – neben seiner Arbeit – irgendwann in den Fingern jucken, dann kann er sich an seinen freien Tagen und Abenden, nachdem er genüßlich das für ihn zubereitete Mahl eingenommen hat, hinsetzen und ein gescheites Fachbuch schreiben. Und sollte er auch noch Vorträge halten, kann er sich ungestört auf den Inhalt konzentrieren, während ihm seine bessere Hälfte den Koffer packt, ihm das durch sie besorgte Fahrticket bereithält und ihm ganz nebenbei noch ein weiteres Zettelchen mit den Abfahrts- und Ankunftszeiten sowie Adresse und Telefonnummer des Hotels in die Westentasche steckt. Im Grunde genommen ist alles klar geregelt. Und sollte eine Frau dennoch einen Beruf erfolgreich ausüben wollen, kann sie das ruhig auch tun, sie muß lediglich in der Lage sein, *gleichzeitig* dafür zu sorgen, daß die gesamte Infrastruktur familieninnerbetrieblich einwandfrei funktioniert. Viele Frauen bringen dieses kleine Wunder fertig, sich sowohl beruflich zu profilieren als auch für die Familie noch die leckersten Gerichte hervorzuzaubern, in den Nachtstunden flink und faltenfrei zu bügeln, kurz: das gesamte Repertoir der dienenden Handgriffe blindlings auszuführen. Und sollte sie ein Buch schreiben wollen, kann sie das durchaus tun, soll sie ja auch, vorausgesetzt sie hat alles andere erledigt. Du fragst Dich sicher, weshalb ich Dir dies erzähle? Weil mir das alles wutflammend durch mein Gehirn schoß, während ich durch die Nacht fuhr. Wie ich alle Raser verstehe! Wenn sich die ganze Wut durch das rechte Bein hinunterzwängt und wie ein Bleihammer auf das Gaspedal herniederfährt. Wenn die Wut so stumm geworden ist, daß sie sich nur noch durch das Quietschen der Pneus bemerkbar machen kann.

Wenn die Wut droht, eins zu werden mit dem Fahrgestell und wie eine zündende Bombe über die Straßen zu donnern, dann bräuchte es nur noch einen winzigen kleinen Dreh in der letzten Sicherung, die in einer hintersten Hirnwindung steckt, und man explodiert aus sich heraus. Die Seele würde sich bestimmt kurz vor der Explosion per Schleudersitz aus dem Leib gerettet haben, irgendwo in einer Baumkrone hängenbleiben und ein wenig herumschaukeln –. Gut. Ich explodierte nicht. Die Sicherung saß noch zu fest und kontrollierte fleißig. Als ich meine Wut in den finsteren Waldkurven aus mir herausgestoßen hatte, fühlte ich mich erleichtert und wieder etwas besser. Die Lichtung empfing mich, die sich wie eine hohe Stirn stolz über dem Ufer des Untersees erhob. Dieser Anblick legte sich wie Balsam auf alle Wunden. Und wie in einem Theater hob sich der Vorhang und gab den Blick frei in die schönste Kulisse, die der süddeutsche Raum zu bieten hat. Du kennst sie ja, diese Lichtung! Der See lag weit und mondsilbern vor mir – ein Geschenk des Himmels. Da verkroch sich die Restwut wie ein knurrender Hund, dem der Meister entwaffnend eine gütige Hand entgegenstreckt. Die Weltschöpfung hat ja schon etwas Beruhigendes. Findest Du nicht, daß sich irgendwie doch alles wundersam zusammenfügt? Ich blickte in die vergangenen Jahre zurück: im Zickzack über Stock und Stein. Trotz der vielen Umwege über staubige Feldwege, walddunkle Pfade, fand ich stets zu einer Anschlußstraße zurück. Hat mich vielleicht eine unsichtbare Macht geführt? Hat sie mich gelegentlich doch bei der Hand genommen, wenn ich die Orientierung verloren hatte? Als ich mich durch die familiären Verstrickungen boxte, fühlte ich irgend etwas Beschützendes, Mütterliches über mir, etwas, das mir dennoch tiefstes Vertrauen einflößte.

Diese Zuversicht stellte sich auch in jener Nacht wieder

ein. In gemäßigtem Tempo fuhr ich, innerlich aufgeräumt und beinahe beschwingt weiter. Bis sich ein zunächst unscheinbarer Gedanke einschlich, den ich so schnell nicht mehr loswerden konnte – und der eine Lebenskrise auslöste. Ich wollte mich gerade nochmals an der Herrlichkeit der landschaftlichen Kulisse erfreuen und dem Bühnenbildner meine Anerkennung aussprechen, da nagte plötzlich ein bissiger Zweifel an meinem Hochgefühl. Wie, wenn der Regisseur des gesamten Welttheaters männlichen Geschlechts wäre? Und mit diesem Gedanken landete ich in meiner Geschichte. Meine Zuversicht sackte augenblicklich in sich zusammen. Heftiges Herzklopfen überfiel mich, und eine noch nie erlebte Panik brach aus. Inzwischen war ich vor meinem Haus angekommen. Dunkel erwartete es mich, zudem kalt. Hatte ich doch vergessen, die Heizung anzustellen. Ich fuhr das Auto in die Garage. Die Blumen ließ ich liegen. Ich kam gerade noch durch die Haustüre. Und dann war es restlos aus mit meinem Urvertrauen. Aus und vorbei. Ich wurde immer kleiner, und als ich mein Schlafzimmer erreicht hatte, fühlte ich mich auf die Größe eines vierjährigen Kindes zusammengeschrumpft. Das kleine Mädchen kroch ins Bett, weinte in sich hinein oder winselte wie ein streunendes Kätzchen. Die ganze Nacht. Leise. Das Kind weiß, daß alles nichts nützt. Hoffnungslos. Chancenlos. Chancen-los! Jede Körperzelle kennt dieses Wort, kennt die Bodenlosigkeit, kennt das Hinunterfallen in das Nichts, wo es kein Hoffen gibt. Es atmet wie ein kleiner Vogel, der aus dem Nest herausgefallen ist. Gegen Morgen schläft es ein.

Als ich aufwachte, fand ich mich in meiner normalen Größe wieder.

Verlier bitte nicht die Geduld, meine Ausführungen zu lesen! Ich habe den Faden nicht verloren, wie Du mir so oft vorgeworfen hast. Aber ich möchte Dir alles, was sich da ereignet hat, so genau wie möglich beschreiben. Denn eins kann ich Dir sagen, es ist der Schlüssel für das, was sich zwischen Dir und mir abgespielt hat und was schließlich zu unserer Trennung geführt hat.

Am nächsten Tag funktionierte ich erstaunlicherweise wie üblich. Ich kann gefühlsmäßig noch so tief absacken, wenn ich dann aber meine öffentlichen Aufgaben zu erfüllen habe, dann wechsle ich jeweils die Kassette aus und funktioniere reibungslos. Pflichtbewußtsein über alles! Vielleicht aber ist es nichts weiter als gut trainierte Überlebensstrategie? In den darauffolgenden Nächten ereignete sich stets das Gleiche. In dem Moment, in welchem ich das leere Haus betrat, begann augenblicklich der Prozeß des Kleinerwerdens. Nur mit dem Unterschied, daß ich mit jedem Mal in ein noch jüngeres Alter zurückschrumpfte. In diesen Nächten kristallisierte sich die eigentliche Ursache heraus, die Bilder wurden immer klarer, realer und schmerzlicher: Vater! Das ganze Leiden des kleinen Mädchens kreiste um ihn und immer nur um ihn. Es durchlebte Szene um Szene des väterlichen Desinteresses, seiner unbeschreiblichen Gleichgültigkeit. Es spürte nochmals, wie sein leerer Blick an ihm vorüberglitt. Die Augen des Vaters bekamen erst dann diesen wundersamen Glanz, wenn er einen Brief oder ein Photo von seinen «echten» Töchtern aus erster Ehe in Händen hielt. «Wie viele Kinder haben Sie?» – «Vier Töchter!» Das kleine Mädchen zählte jedesmal nach. Es zählte immer wieder neu. Sprachlos stand es da, fassungslos, mit einem bohrenden Schmerz im kleinen Herzen. Vergessen werden ist schlimm, aber noch schlimmer ist die kindliche Liebe, die nicht fließen kann. Wohin soll ein Kind mit seiner glühenden Liebe, die es für den Vater in sich spürt, gehen? Was soll es tun mit all diesen Gefühlen? Der einzige Weg, um garantiert aus dieser Hölle herauszugelangen, ist die Entwertung des Liebesobjektes. Es wird so lange entwertet, bis sich die Richtung der Liebesenergie verändert und einen anderen Kurs einschlägt. Deshalb hörte ich der Mutter gut zu. Lauschte zwischen die Zeilen hinein, spähte hinter die Worte, sog die Melodie ein, die das Liebesobjekt heruntermachte, vermieste. Und irgendwann scheint man am Ziel angekommen zu sein, daß es sich nämlich nicht mehr lohnt, von ihm geliebt werden zu wollen oder ihn zu lieben. «Die Trauben sind mir zu sauer, ich mag sie nicht!» Die Männer sind im Grunde genommen schlecht, sie taugen zu nichts, und schlaffe Säcke sind sie obendrein. Dies alles half mir, den Schmerz und die Vatersehnsucht zu bannen. Es ist eine Überlebenstaktik, sich in diesen Gedanken aufzuhalten, anstatt im Dauerregen des Mangels zu stehen. Es ist einfacher zu denken, daß der Vater frisch drauf los zeugte, lediglich noch Spaß am Zeugen hatte und nicht an dem, was daraus entstand. Ich wurde das vergessene Mädchen eines Vaters, so wie all die vielen anderen Mädchen, die von ihren Vätern vergessen worden sind.

In diesen Nächten wurden die ganzen Erinnerungen wach und mit ihnen all die verdrängten Kränkungen und Verletzungen. Das Kind in mir erlebte den alten Schmerz nochmals, wie der Vater an ihm keinerlei Interesse gezeigt hatte. Es war wie nicht vorhanden. Mit diesem vernichtenden Gefühl muß sich damals das Wort «chancenlos» eingenistet haben – als Grundstimmung. Der Schmerz in jenen Nächten war groß, die Schreie, die aus dem Kind herausbrachen, wollten es beinahe auseinanderreißen.

Ich glaube, es war etwa in der fünften Nacht, als ich bei meinen Asthmaanfällen angelangt war, an denen ich als Kleinkind litt. Und erst jetzt, nach Jahrzehnten, meldeten sie sich nochmal, ein letztes Mal – und erst da habe ich sie verstehen können. Du erinnerst Dich wohl, es war in jener Nacht, als ich Dich um drei Uhr nachts angerufen hatte und Dich bat, zu mir zu kommen, ich hätte Angst zu ersticken. Du kamst sofort. Ich weiß bis heute nicht, ob Du begriffen hast, was da mit mir geschehen ist. Jedenfalls hast Du keinen Arzt geholt – und dafür war ich Dir sehr dankbar. Niemand also, der den Körper daran gehindert hätte, das auszudrücken, was einst in der Seele verstummt war. Ich rang nach Luft, um Atem, um Lebensraum. Der Vater verweigerte ihn, und er verweigerte eine Beziehung zu mir. In dieser Nacht hab ich mich zu dem Vaterschmerz durchgerungen: zum qualvollen Vaterloch, zur Vaterabwesenheit – hab den alten Schmerz erst jetzt fühlen können. Hab um Atemluft, hab um mein Leben gerungen. Du warst dabei. Stelltest keine Fragen. Warst wohl intuitiv davon überzeugt, daß kein Weg daran vorbeiführte. Und als ich mich übergeben mußte, und ich nicht mehr aufhören konnte, mich zu übergeben, hast Du meinen Kopf gehalten. Danke. Das war viel mehr als eine liebende Geste zwischen Mann und Frau, das war geschwisterlich, solidarisch. Du wolltest bei mir bleiben, mich nicht allein lassen. Ich lag in Deinen Armen und hab Dich gebeten zu gehen. Ich habe Dich weggeschickt. Denn als Du bei mir warst, spürte ich plötzlich, daß ich die Auseinandersetzung mit meinem Vater allein fortführen mußte. Zu groß war die Versuchung, das uralte Vaterdefizit mit den Liebesbeteuerungen eines anderen Mannes zu überdecken. Ich fühlte plötzlich, daß Du in irgendeiner geheimen Verknüpfung mit meinem Vater standst. Ich habe Dich oft mit Anschuldigungen bedrängt, mit denen ich meinen Vater hätte überhäufen können, habe von Dir etwas erwartet, daß Du nicht erfüllen konntest. Als Du Dich in dieser Nacht verabschiedetest, kam mir zum ersten Mal der Gedanke, daß Du wahrscheinlich gar nichts mit dem Mann zu tun hast, den ich in Dir sah: ich hatte Dir mein entwertetes Vaterbild übergestülpt. Dich ließ ich das Vaterkonto mit dem gesamten Fehlbetrag weiterführen.

Bevor Du gingst, bat ich Dich noch, mich weder zu besuchen noch anzurufen. Das Wochenende stand vor der Tür, und ich wollte mich bewußt auf das Vergangene einlassen. Am Freitag ging ich noch einkaufen, Proviant für die lange Nachtfahrt in die Vergangenheit. Zuerst begann ich, mich wieder vor dem Cheminée einzurichten. Das Feuer aber wollte nicht brennen, und ich hatte nicht den Willen, es dazu zu bringen. Stattdessen legte ich mich ins Bett. Zur Sicherheit zog ich vorher den Telefonstecker aus der Steckdose. Ich hatte also viel Zeit. Dann legte ich mich ins Bett. Alle Schleusen waren geöffnet, meine Erinnerungen hatten freien Zutritt ins Bewußtsein und mußten sich nicht mehr qualvoll durchkämpfen. Ich lag im Bett und schaute den langen Film der väterlichen Abwesenheit an. Szene um Szene. Manchmal weinte ich vor mich hin, wimmerte in mich hinein, dann wieder schrie ich laut auf vor Entsetzen, vor Empörung. Aber, stell Dir vor, es ist nicht etwas Außergewöhnliches geschehen! Keine Schläge, keine Gewaltszenen, keine inzestuöse Vergewaltigung – nichts. Und doch so viel. Das Ungeheuerliche war das Vergessenwerden, das Übersehenwerden, das Einfach-nicht-zur-Kenntnis-genommen-werden, das Übergangenwerden, das Desinteresse, das Unbeantwortet-Sein. Und ihn nicht lieben dürfen! Ist das vielleicht die Erklärung dafür, weshalb Frauen oft in Beziehungen über Jahrzehnte ins Leere hinauslieben, in ein dunkles Loch, aus dem nie etwas zurückkommt. Und doch stehen sie wie gebannt, hoffen und hoffen, daß vielleicht ein kleines Echo irgendwann einmal zurückhallt.

Ich wollte alle Bilder nochmals anschauen, nichts wollte ich übersehen.

Man darf es sich nicht zu einfach machen! Man muß sich einlassen auf die Vergangenheit, auf die lange Zeit einer Kindheit. Wie es Frühling wird, alles zu sprießen beginnt: Die ersten Primelbüsche schießen aus den Wiesen, lachen dem Kind mitten ins Gesicht, und der herrliche Duft steigt kitzelnd in die kleine Nase. Da blinzeln die ersten Tulpenspitzen aus der Erde, machen das Kind neugierig. Alles ist bereit zu blühen, sich zu öffnen, sich zu verschenken. Das kleine Herz pulsiert freudig dem Leben entgegen, liebt und wartet. Ein Kinderfrühling ist lang, eine hoffende Zeit ist noch länger. Denn ein Kind hofft und hofft, daß mit den bunten Blumen endlich der liebende Blick des Vaters komme. Und wenn die Primeln langsam verblühen und aus dem See die Sommerhitze bis in das kleine Gitterbett hereinschleicht, hofft das Kind noch immer, denn vielleicht kündet das Flimmern in der überheißen Luft das Heißersehnte an. Das Kind geht ins Bett, wenn die Sonne noch scheint, und es steht auf, wenn sie schon wieder da ist. Der Sommer ist ein einziger, unendlich langer Tag, der nie aufhört. Auch das unermüdliche Warten hört nie auf, wird nie von der Nacht abgekühlt oder für kurze Stunden vom Dunkel der Vergessenheit erlöst. Erst wenn sich zur Abendmelodie allmählich kühlere Töne einstimmen, werden die Tage kürzer und das Kind ahnt, daß es bald wieder Nächte geben wird. Nächte, in denen die Träume versuchen, die Sehnsucht tropfenweise zu stillen. Das Kind hofft und wartet weiter, wartet bis die ersten Blätter fallen, bis es kühl wird im Haus und sich der wohlige Geruch des Kachelofens in das Gemüt schleicht. Irgendwann sind alle Blätter von den Bäumen gefallen, und dann, dann wird das Wunder geschehen – denkt das Kind. Die Abende werden länger.

Die Dunkelheit wächst. Manchmal hat es Angst, einfach in das große Nachtloch hinunterzustürzen, und niemand würde es finden können – nicht einmal die Mutter. Das Kind geht in den dunklen Stunden ins Bett und steht auf, wenn alles draußen noch in Nacht gehüllt ist. Es hat die große Hoffnung nicht vergessen, den großen Hunger, der nachts im Kopfkissen nagt. Kerzen künden die Zeit an, in der Wunder geschehen. Es hofft. Es lernt schöne Weihnachtssprüchlein, bastelt Geschenke, und noch später kniet es auf einer harten Kirchenbank und bittet um etwas, was es gar nicht mehr benennen kann. Nur einfach, der liebe Gott solle helfen, daß der brennende Schmerz im Herzen endlich aufhöre.

Wie oft wird es Frühling, wie oft Sommer, Herbst, wie oft wird es Winter! Eine Kindheit dauert eine Ewigkeit.

Du, lieber Fabian, weißt um diese Kinderewigkeit! Du kennst das Warten, das Hoffen. Du hast heimlich aus dem Klofenster gehofft, damit niemand Deine Tränen sah, wenn Dich Dein Vater Sonntag für Sonntag einfach im Heim sitzen ließ. Du hast tapfer an den Weihnachtsabenden allein mit einem Erzieher gesessen, Deine Ovomaltine getrunken, die Du zur Feier des Tages bekamst. Dann gingst Du still ins Bett, früher als an all den anderen Tagen. Du wußtest, eigentlich wäre der Heimbetrieb geschlossen, alle Zöglinge wurden abgeholt – außer Dir. Der Erzieher wollte zu seiner Familie. So bliebst Du allein zurück. Wir sind uns ja so ähnlich! Wir sind zwei vatervergessene Kinder gewesen. Eigentlich sind wir Geschwister, Schicksalszwillinge.

Dann kam noch eine Erinnerung:

Aufgeregt und außer mir vor Freude berichtete ich meinem Vater von der bestandenen Sekundarschulprüfung. Er aber teilte meine Freude keineswegs. Ungehalten und ärgerlich verkündete er, sein Enkel, der Sohn seiner (richtigen) Tochter, der zur selben Zeit die Aufnahmeprüfung gemacht hatte, wäre durchgefallen. Diesem sollte man doch auf alle Fälle den Vortritt lassen – und nicht mir, einem Mädchen. Ich hatte es damals überhört, überhören müssen, die Kränkung wäre wohl zu groß gewesen.

Erst jetzt, Jahrzehnte später, gelang es mir endlich, meine Empörung und meine ganze Wut zu spüren und sie zuzulassen! Ich tobte und schrie sie IHM ins Gesicht. Das ist der Moment, in dem es alle Sicherungen heraussprengt. Gott sei Dank! Ich schmiß mit Kraftausdrücken nach ihm, die wie Ohrfeigen auf seine aalglatt rasierte Intelligenz klatschten. Aufwachen! Du alter seniler Scheißkerl!

Es tat gut, die Kraft der Wut in mir zu spüren und sie in passenden Worten auszudrücken, Kraft-Ausdrücke. Die Sprachschöpfung hält sie für uns bereit, wir müssen uns nur bedienen. Die meisten Frauen schrecken davor zurück. Schließlich haben wir die Lektion gut gelernt, wie sich eine Frau zu verhalten habe. Und eine empörte Frau ist eben keine richtige Frau. Und weil wir ja alle richtige Frauen sein wollen, damit alle an uns Freude haben, verzichten viele auf diese wunderbare Energiequelle. Frauen, die ihre Wut ständig herunterschlucken, sind beliebt, sie sind pflegeleicht, gut steuerbar und leicht für zudienende Funktionen zu gebrauchen. Sie sind von ihren Gefühlen derart abgeschnitten, daß sie sich voll und ganz auf die Bedürfnisbefriedigung des Mannes einstellen. Haltet die Frauen barfuß und schwanger, und wenn sie nach den Wechseljahren etwas aufmüpfiger werden sollten, füttert sie mit Östrogenen oder füllt sie sonst mit irgendwelchen Psychopharmaka ab, sorgt dafür, daß sie niemals Zugang zu ihren Wutgefühlen finden. Denn die Empörung in sich fühlen heißt, Spielregeln sprengen, sich emporzubäumen, sich aus der Vierbeinerposition in die Würde eines menschlichen Wesens aufzurichten, das laut schreit: Nein! So nicht mit mir!

Gut, also, ich verbrachte dieses Wochenende mit meiner Geschichte, mit all den Emotionen, die jahrzehntelang in der Tiefkühltruhe eingefroren lagen. Am schmerzlichsten war die Sehnsucht. Ich liebte meinen Vater unsäglich, und es tat einfach entsetzlich weh, zu erleben, wie diese unerwiderte Kinderliebe im Herzen glühte. Die brennende Hoffnung, endlich beantwortet zu werden, endlich geliebt zu werden. Mit welcher Inbrunst ich um ihn geworben hatte! Und ich konnte es nicht fassen, daß er mich einfach übersah. Und in dieser langen Sehnsuchtsnacht hab ich an keinen anderen Mann gedacht. Die Bilder von meinen Stiefschwestern wurden noch einmal lebendig; alle groß, stolz und schlank und wunderschön. Ich habe bis zum heutigen Tag versucht, so wie sie auszusehen, so unbeschreiblich attraktiv. Stets unbewußt hoffend, daß ER endlich ein Auge auf mich werfe. Als ich spürte, daß die Nachfolger meines Vaters vor allem auf erotische Reize reagierten, paßte ich mich blitzschnell an. Gesehen werden war das größte Anliegen, nur das vermochte für wenige Atemzüge die alte Wunde etwas zu lindern. Es ist entsetzlich, auf die eigene Geschichte zurückzuschauen und sie wie ein Puzzle zusammenzutragen, zu erkennen, wieviel Unglück aus dieser väterlichen Hypothek für mein Leben entstanden ist. Eine solche Vatergeschichte macht orientierungslos, erzeugt eine verhängnisvolle Bereitschaft für alle Forderungen und Erwartungen, die später auf einen zukommen. Wie ein Spielball werden wir herumgeworfen, ohne selbst über uns bestimmen zu können. Bereits in meiner ersten längerdauernden Beziehung erlebte ich dieses Verwirrspiel. Ich hatte zuerst nichts anderes im Kopf, als, Claude, den Mann an meiner Seite, optisch zu befriedigen, in der

Hoffnung, daß er endlich wirklich Interesse an mir zeigen würde. Selbstverständlich hatte ich seismographisch seine Vorliebe für den aufreizenden Nuttenlook aufgezeichnet. Und so trug ich dieses Zeug, schminkte mich, klebte Wimpern, tänzelte albern in hochhackigen Glitzerschuhen herum – ich werde gesehen, also bin ich. Als ich Claudes Vater kennenlernte, kam ich in größte Konflikte. Ein kultivierter und sehr gebildeter Mann, Geschichtsprofessor, dem ich selbstverständlich auch gefallen wollte. Ich glaube, ich habe ihn bereits beim ersten Treffen als neuen Vater adoptiert. Hinzu kam noch Claudes Schwester, Lilian, mit der ich ebenfalls sehr gut befreundet war. Sie studierte Jura, besaß einen brillianten Verstand und konnte vor allem treffend und gescheit argumentieren. Ich wollte so werden wie sie, wollte auch aussehen wie Lilian, die aber hatte mit dem Nuttenlook nichts am Hut. Im Gegenteil, sie kleidete sich sehr unauffällig und dezent. Ihr Kapital saß im Kopf und nicht in den Hüften. Ich geriet in einen ernsthaften Konflikt. Welchem Mann wollte ich nun gefallen? Die Sehnsucht, einen Vater zu haben, wurde indes viel stärker als das Begehren nach einem Liebhaber. So verwandelte ich mich allmählich, rüstete um. Ich wandte immer mehr Energie dafür auf, dem Professor eine interessante Gesprächspartnerin zu sein, anstatt den sexuellen Appetit des Freundes in aufregenden Ledermodellen anzuregen. Ich las in jener Zeit unendlich viele Bücher und hoffte, mit meinem Wissen Anerkennung zu finden. Diese blieb selbstverständlich aus, aber das hinderte mich nicht daran, es stets noch besser machen zu wollen. Als ich mich schließlich zu weit von jenem Bild wegentwickelte, das Claude von einer Frau hatte, nahm er sich kurzerhand eine andere, die meine frühere Doppelgängerin hätte sein können. Als ich sie zum ersten Mal sah, lief es mir kalt den Rücken herunter.

Die langjährige Beziehung zu Claude zu lösen war dennoch nicht einfach. Aber, und das wollte ich lange Zeit nicht eingestehen, es war ein kleiner Klacks im Vergleich zur Trennung von meinem Ersatzvater. Ich blieb noch über Jahre mit Lilian befreundet, in der Hoffnung, mich doch noch über sie ans Netz väterlicher Gunst anschließen zu können. Erst heute erkenne ich, daß Lilian mit ihrer erfolgreichen beruflichen Karriere auf der Strecke blieb und nie das bekam, was sie sich so sehnlichst von ihm gewünscht hatte: Liebe. Sie war wohl davon überzeugt, wenn sie tüchtig und erfolgreich werde, würde sie mit seiner Liebe belohnt. So hatte auch ich gehofft. Wir täuschten uns beide.

Nach diesem erkenntnisreichen Wochenende war ich total erschöpft. – Aber ich fühlte mich auch um Tonnen erleichtert. Ich begann, die Welt mit neuen Augen zu sehen – und Dich plötzlich auch.

Du besuchtest mich kurz darauf. Wir unterhielten uns. Und ich dachte, eigentlich kenne ich Dich gar nicht. Und da bemerkte ich, daß in meinem Hinterkopf eine Einrichtung existiert, die alles, was Du sagst, durch einen Entwertungsfilter leitet. Ich schaltete ihn bewußt aus und konnte so zum ersten Mal wirklich hören, was Du sagtest. Es war alles neu, anders, unbekannt. Hinter dem Vaterbild, das ich von meiner Mutter übernommen und auf Dich übertragen hatte, kamst Du zum Vorschein. Ja, und dann spürte ich schmerzlich, daß ich Dich, so wie Du wirklich bist, ohne väterliche Überlagerungen, über alles liebe.

Die anschließenden Tage sind noch voller Trauer um Dich, weil ich Dich verloren habe.

Aber ich tarne meine Trauer gut. Niemand erfährt etwas von den Tränen. Gelernt ist gelernt! Manchmal ein Hadern, das da aufsteigt. Weshalb konnte ich nicht früher begreifen und Dich aus der unsäglichen Nachfolge meines Vaters entlassen. Ausgerechnet Du solltest das Defizit ausgleichen, der Du ja selbst unter dem gleichen Mangel gelitten hattest.

Aber ich will Dir jetzt im nachhinein keine Liebeserklärungen machen, jetzt, da alles vorbei ist.

Das Leben geht weiter.

Leb wohl, mein guter, lieber Freund.

7. Brief

Lieber Fabian,

ich habe schon einige Zeit nichts mehr von Dir gehört. Hoffentlich geht es Dir gut. Letzte Woche hast Du eine neue Stelle angetreten, und ich kann mir vorstellen, daß Du nun viel zu tun hast. Deine Winterpneus habe ich in den Fahrradschuppen hineingerollt, Du kannst sie also jederzeit holen – auch wenn ich nicht da bin.

Die Nächte sind kühler geworden, und während der langen Abende habe ich nun viel Zeit zum Nachdenken. Es gibt immer noch viele Stunden, in denen ich Dich vermisse. Auch wenn Erinnerungen im Herzen wie Feuer brennen, muß es doch irgendwann einen Moment geben, wo alles restlos verbrannt ist, kein Windhauch mehr, der hineinweht, kann es wieder zum Aufglimmen bringen. Fabian, Du hast viel Platz in meiner Seele eingenommen, und es wird wohl noch lange Zeit brauchen, bis alles ausgemerzt ist! Bis das Feuer jede Erinnerung mitsamt den Wurzeln aus mir herausgebrannt hat, daß nie mehr etwas nachwachsen kann. Damit ich einst in der Lage sein werde, Deinen Namen auszusprechen, ohne innerlich weich zu werden, ohne in seelische Seenot zu geraten, ohne vor Schmerz loszuplärren. All die Worte, die irgendwie mit Dir in einem Zusammenhang stehen – und das sind viele! – will ich nun allmählich mit neuen Erlebnissen, mit neuen Inhalten füllen, die nicht von Dir geprägt sind. Du siehst, ich habe noch viel zu tun!

Noch hängt mir die Vatergeschichte in den Knochen wie Feuchtigkeit in Wollkleidern. Manchmal fühlt es sich noch immer wund an. Dennoch legt sich etwas Wohltuendes über jene Stellen, die einst so geschmerzt haben. Gelegentlich kann es noch geschehen, daß sich sogar ein kurzes Schluchzen meldet. Ein innerer Überdruck, der sich Luft machen muß, mehr nicht. Hinterher jedoch erlebe ich jedesmal eine beachtliche Energiezufuhr, die mich zunehmend heiter stimmt und wieder unternehmungsfreudig macht.

Ja, es gibt gelegentlich gar Momente, in denen mich ein unbeschreibliches Gefühl beschleicht, so etwas wie Glück, verstehst Du? Dann fühle ich mich einfach von der Schöpfung geliebt! Es sind dies stille Stunden, ich liege im Bett und lausche auf das Erwachen der Vögel, ihrem Zwitschern, dieser unbeschwerten, unbekümmerten Lebensfreude. Sie steckt mich an, macht mich innerlich ganz festlich, leicht und federfroh. Am liebsten würde ich dann in den Vogelgesang einstimmen, mitzwitschern und jubilieren vor Freude und – tiefer Dankbarkeit.

Es geht also stimmungsmäßig hinauf und hinunter, je nachdem. Aber das war ja schon immer so.

Die Sache mit den Vätern schlägt in meinem Leben große Wellen. Eine beinahe unbezähmbare Neugierde packt mich! Meine Gedanken kreisen um dieses Thema, lassen mich schlaflos werden, ja, ich fiebere geradezu, möglichst alles über die Bedeutung der Väter für ihre Töchter zu erfahren. Ich sprach in letzter Zeit mit vielen Frauen über das Verhältnis zu ihren Vätern, über ihre

Erinnerungen – und über ihre geheimsten Wünsche und Sehnsüchte. Während ich ihnen aufmerksam zuhörte, bebilderte ich ihre Schilderungen und speicherte die Illustrationen innerlich auf einer Filmspule ab. Obwohl ich oft erschüttert und bewegt war, weil mir so vieles vertraut vorkam, sammelte ich unermüdlich Geschichte um Geschichte.

Dann setzte ich mich an langen Abenden vor den Kamin – seit ich alleine lebe, ist mir das zu einer lieben Gewohnheit geworden –, machte Feuer und ließ die Erzählungen aus den Flammen heraufsteigen. So begann ich, das zusammengetragene Bildmaterial zu ordnen und zusammenzuschneiden. Und dabei entstand ein höchst aufregender und aufschlußreicher Film.

Ich begriff allmählich, weshalb sich die meisten Frauen lebenslang in größte Schwierigkeiten verstricken, ohne jemals die dahinterliegenden Ursachen zu ergründen. Ich begann zu verstehen, weshalb viele Frauen nur wenig oder überhaupt kein Selbstbewußtsein entwickelt haben und lebenslang darunter leiden. Und ich begriff die unglückselige Verquickung zwischen der Erfahrung mit dem Vater und der Beziehung zum späteren Lebenspartner endlich im ganzen Ausmaß ihrer Folgen. Die Geschichten der anderen Frauen öffneten mir die Augen für meine eigene Geschichte, und meine eigene Geschichte ermöglichte es wiederum, mich in die Erfahrungen anderer Frauen einzufühlen. Typische Frauengeschichten, Frausein als grundsätzlich schwierige Partitur, oft ausweglos, und in vielen Varianten von Frauenkrankheiten zur Darstellung gebracht. Frauenklinik als Auffangpool für das, was nicht ins Bewußtsein dringt, für das nie Worte gefunden wurden.

Ja, mein Lieber, ich möchte Dir das alles erzählen, damit Du die Zusammenhänge, die zu unserer Trennung geführt haben, verstehen kannst, und vor allem, um Dir zu zeigen, mit welcher unsichtbaren Hypothek Du durch meine Vatergeschichte belastet wurdest. Wahrscheinlich erkennst Du ebenfalls Parallelen zu Deiner eigenen Geschichte.

Bevor ich es mir bequem mache, will ich nach den dicksten und schwersten Holzscheiten suchen, sie hereinschleppen und anzünden, damit ich mich für die nächsten Stunden nicht mehr darum kümmern muß.

Es ist nur ein einziges kolossal mächtiges Holzstück zu finden. Es muß sich wohl um eine besonders unhandliche Verzweigung gehandelt haben, dickstämmig, gedrungen, zum Auseinanderspalten viel zu mühsam. Typisch, denke ich – pardon. Nun, für meine Zwecke ist es gerade richtig. Die Flammen werden daran zu arbeiten haben, bis es erstens richtig brennt und zweitens, bis sich das Feuer aufgezehrt hat und zu Asche zurückstirbt. Ich lasse meinen Kopf auf die weiche Lehne zurückfallen, schließe die Augen halb, vor mir tanzt das Spiel hellroter Feuergarben. Jede Flamme, die auflodert, kündigt sich durch einen kurzen Knall an, Startzeichen schießen blitzartig in die Höhe. Flammengestalten tanzen in rhythmischem Reigen, in glutrot weitschwingenden Röcken.

Aus dem Gefunkel steigen Feuerfrauen auf. Sie tanzen, halten inne, versammeln sich, ein Schauspiel beginnt: Unruhe kommt auf, Gruppen bilden sich, einige rennen mit brennendem Schwung von einer Gruppe zur anderen, wissen nicht so genau, wo sie mitlodern sollen. Einige wenige winden sich aus dem abendroten Schauspiel heraus. Sie machen es sich oben auf der kaffeebraunen Holzbrüstung des Kamins gemütlich, baumeln mit den herunterhängenden Beinen und schauen dem Ganzen mehr oder weniger interessiert zu.

Dann wird es allmählich ruhig wie vor Beginn eines

Theaterstückes. Ein heftiger Feuerblitz sprengt die Spannung. Dann wird der Blick frei für die Szenen und Geschichten der Frauen und ihrer Väter.

Hier also, für Dich lieber Fabian, das Drehbuch über das folgenschwere Zweipersonenstück Vater-Tochter.

1. AKT

Vom großen Unterschied und seinen späten Folgen

Drei Frauengruppen haben sich zusammengefunden. In der Mitte, eine sehr große, links ein kleines Grüppchen und rechts ein etwas größeres.

Ziemliches Durcheinander, Taubenschlaggewirr, Touristen, die auf ihren um Stunden verspäteten Charterflug warten.

Die Frauen in der größten Gruppe haben unförmige vollgestopfte Beuteltaschen dabei. Sie nesteln darin herum und sind immer wieder damit beschäftigt, irgendwelche kosmetischen Utensilien hervorzukramen.

Die einen sehen wie herausgeputzte Serviertöchter in einem mittelmäßigen Restaurant aus. Sie tragen zum größten Teil Schuhe mit hohen Absätzen und enge Röcke mit engen T-Shirts oder dünnen Blusen. Die Haare meistens matt, mittelfransig oder schulterlang, wecken unvermeidliche Phantasien nach scharfen Scheren. Fast alle tragen sehr auffälligen Modeschmuck, und nur selten funkelt dezent etwas Echtes dazwischen. Beinahe alle sind geschminkt. Nicht wenige sehen sogar aus, als ob sie gerade von einer Bühnenshow in einem Nachtlokal kämen, mit aufwendigem Putz oft plump und aufdringlich. Dann gibt es noch solche, die aussehen wie adrette Sekretärinnen oder gepflegte Arzthelferinnen oder wie die hübsche Dame vom Post-, Bank- und Versicherungsschalter, die

72

aber auch kesse Hausfrauen sein könnten. Andere wiederum sind sehr elegant gekleidet, als ob sie in einem Vier- oder Fünfsternehotel an der Rezeption säßen. Eines ist ihnen aber allen gemein: sie sind herausgeputzt, hergerichtet – und sehr für berufliche Funktionen geeignet, in denen sie optische Aufmerksamkeit erregen und Mann an ihnen Gefallen finden soll.

Dann setzen sie sich in einen großen Kreis, erzählen sich gegenseitig ihre Vatergeschichten, ergründen gemeinsam die Hintergründe, analysieren die Situation der Töchter.

Den Grunddialog mit dem männlichen Geschlecht lernen wir nicht mit der Mutter, sondern in der Beziehung mit dem Vater. Diesen Urtext werden wir nie wieder vergessen. Die Begegnung mit dem Vater eröffnet uns zum erstenmal die männliche Welt. Er legt den Grundstein dafür, wie wir uns später in dieser Welt einrichten werden. Unsere Premiere wird von ihm inszeniert, und wir spielen die Rolle, die er uns auf den Leib schreibt. Wir lernen seine Texte. Diese lernen wir mit einer Inbrunst auswendig, als ob es keine anderen Dialogtexte gäbe. Und wenn wir dann erwachsen sind, haben wir uns diese Fassung derart tief eingeprägt, daß wir längst vergessen haben, wie wir sie unseren Wünschen entsprechend umschreiben könnten.

In der Erforschung der Kindheit hat man sich vor allem auf die Bedeutung der Mutter konzentriert. Sie, als erste Bezugsperson schafft die Basis für das Grundvertrauen in die Welt. Dabei ging man aber stets von einem männlichen Kind aus. Die kleinen Mädchen blieben auf der Strecke; sie wurden einfach vergessen.

Bezieht man hingegen ihre Erfahrungen mit ein, gerät die Schuldzuweisung, für die bis jetzt die Mütter herhalten mußten, aus den Fugen.

Wir haben lange die Väter geschont, ihnen Narrenfreiheit eingeräumt, alles entschuldigt, ihre Fehler wurden möglichst verdrängt oder vertuscht. Viele Mütter sind unermüdlich darum bemüht, die väterlichen Mängel auszubügeln. Die Mutter versteht sich von selbst als zentrale Adresse für alles, was schief gelaufen ist! Sie, die Lieferantin der Muttermilch, soll gleichermaßen für die emotionale Versorgung vollumfänglich garantieren.

Du hast mir oft von Deiner Mutter erzählt, von ihrem eigenartigen Glanz in ihren Augen, wenn sie Dich erblickt hat. Dieser Blick, der Dir ohne Worte zurückspiegelte: so wie Du bist, bist Du einfach wunderbar. Dieser Blick bejahte und beantwortete Dich in Deinem ganzen Wesen und liebte Dich bedingungslos. Du bekamst diese liebende Resonanz von Deiner Mutter, vom anderen Geschlecht. Es war die erste Lektion, in der Du gelernt hattest, welche Wirkung Du auf Frauen ausübst, wie Frauen auf Dich reagieren: Du durftest Dich als Sieger fühlen. Denn dieser Blick sitzt in jeder Zelle Deines Körpers: ich bin einfach wunderbar! Was auch immer ich mache, wie auch immer ich aussehe, grundsätzlich bin ich in den Augen des anderen Geschlechts unwiderstehlich. Kannst Du Dich erinnern, wie Du einmal während unserer Sommerferien in Frankreich einige Kilo zugelegt hattest und Deine Hose nicht mehr schließen konntest. Siegessicher, strahlend und nackt stelltest Du Dich wie ein kleiner Junge vor den Spiegel? Du drücktest Deinen Bauch noch mehr heraus und amüsiertest Dich köstlich dabei. Du warst so sicher: wie auch immer, ich bin einfach hinreißend! Das ist das Kapital, das Dir Deine Mutter einst vermacht hat! Siehst Du, und genau dieses Gefühl haben die meisten Frauen nicht. Auch wenn uns die Mutter noch so liebend zurückspiegelte, es sind eben die Augen der Mutter. Die Mutter ist das gleiche Geschlecht, und das gleiche ist eben nicht das andere. Ihre liebende Zuwendung kann für Mädchen und Buben niemals die gleiche Auswirkung haben.

Die gegengeschlechtliche Beantwortung kann nur vom Vater vermittelt werden. Sie ist das Grundkapital, um einst selbstsicher zu sein und Selbstvertrauen zu besitzen. Der bejahende Blick des Vaters speichert sich beim Mädchen in jeder Zelle mit der Nachricht ein, daß es vom anderen Geschlecht beantwortet wird. Fehlt dieser Austausch zwischen Vater und Tochter, wird das Mädchen diesen Mangel an Resonanz als negatives Grundmuster für ihre Weiblichkeit einspeichern.

Es gibt zwei Gründe, weshalb Väter ihre Töchter nicht beantworten. Entweder sie wollen nicht oder sie können nicht. Nicht wollen heißt, das Erwachsensein ignorieren, keine Verantwortung übernehmen, weil zu anstrengend, weil eigene Bedürfnisse beschnitten werden usw. Nicht können hingegen bedeutet, eigentlich wollen, aber daran gehindert werden. Wie ist das zu verstehen? Es gibt Männer, und es sind nicht wenige!, die sind von ihren Gefühlen meilenweit entfernt, ihre Emotionen liegen in Kisten verschnürt im Keller. Sie leben im Kopf, haben ihr Leben in Fakten, Zahlen und Formeln eingerichtet. Oft bemühen sie sich, beruflich erfolgreich zu sein, was den meisten auch gelingt, haben wenig Zeit für das Kind und wollen doch für die Familie das Beste. Sie schaffen materiell alles, was ihnen möglich ist, herbei, sind gestreßt und erfolgreich, nur sie selbst bleiben unerreichbar.

Die dazugehörenden Ehefrauen werden im Laufe der ehelichen Eiszeit ebenfalls zu kurz kommen, die heimlichen Seufzer als einzige emotionale Äußerung während des Geschlechtsakts (falls es überhaupt noch dazu kommt) genügen längst nicht mehr als seelische Nahrung. Die Frauen verkümmern. Sie verhungern seelisch und fühlen sich als Zukurzgekommene, als Alleinstehende oder als Witwen. Während sich aber Alleinstehende, Geschiedene und Witwen ein eigenes neues Leben aufbauen können, bleiben diese Frauen in ihrer Lebensgestaltung behindert, und ihre Energie ist blockiert. Solche Frauen fühlen sich unterernährt und versuchen irgendwie zu kompensieren, zu überleben. Ihr Befinden überträgt sich – auch wenn sie sich größte Mühe geben, es nicht zu zeigen – auf den Umgang mit dem Kind. Eine vertrocknete, freudlose Mutter ist eben keine blühende und lebensbejahende. Was aber bedeutet das nun für das Kind? Für den kleinen Jungen heißt das, allein durch sein Dasein, durch seine bloße Existenz vermag er die seelische Trockenheit der Mutter wie ein Mosunregen zu begießen und die Mutter aus dem Frust zu erlösen. Die Mutter blüht auf, strahlt ihm entgegen, und das bedeutet für ihn: wenn die Mutter mich erblickt, strahlen ihre Augen vor Glück – also bin ich die Sonne; der Sohn. Bei Müttern ja oft das Höchste überhaupt. Dies verleiht den Männern ihre Selbstsicherheit, fern ab von Selbstzweifeln und Selbstreflexion. So wie ich bin, bin ich einfach wunderbar. Das mütterliche Kapital macht ihn stark, beinahe unanfechtbar gegen Kritik, jedenfalls wagt er, zu rivalisieren, zu konkurrieren und wenn es sein muß, zu verlieren. Er ist von seinem Gefühl her kein Verlierer, deshalb kann er ruhig auch verlieren. Sieger bleibt er so oder so. Mit welcher Selbstverständlichkeit haben sich die Männer die Regierung der Welt unter den Nagel gerissen! Es fällt ihnen nicht im Traum ein, Macht an das andere Geschlecht abzugeben. In jeder Zelle sitzt der Anspruch auf höchste Ämter, auf höchste Machtpositionen – Mutters alleiniges Glück, ich bin der Größte, der Beste, der Alleinige. Die aufgeblasene Selbstherrlichkeit vieler Männer illustriert die Vorgeschichte.

Ich höre Dich sagen, «siehst Du, es sind eben doch die Mütter, die ihre Söhne falsch erziehen!» Pech gehabt, mein Bester. So einfach ist das nicht. Das Gegengewicht muß von den Vätern kommen, die ihren Töchtern vermitteln, so, wie Du bist, bist Du wunderbar. Das ist das Kapital, aus dem Selbstsicherheit und Selbstvertrauen erwächst. Der alles überwuchernde, ausufernde Größenwahn der Männer bekäme von selbstbewußten Frauen eine natürliche Korrektur. Sie würden in ihre gesunden Grenzen verwiesen werden, und die Frauen könnten endlich ihre Plätze einnehmen, die ihnen zustehen.

Nun aber zurück zu den kleinen Mädchen. Diese müssen nämlich noch andere Dinge verstehen, die sie jedoch nicht begreifen können. Auch wenn Mütter ihre Töchter innig lieben, in ihrer Partnerschaft indessen unglücklich sind und defizitär leben, werden sie dazu neigen, mit den Töchtern eine Leidensgemeinschaft einzugehen. Die Mutter als Identifikationsfigur gibt zu verstehen: Der männliche Brunnen gibt keinen Tropfen her. Und wir beide leiden an diesem Mangel. So ist die Zuwendung der Mutter ihrer kleinen Tochter gegenüber denn eine tröstende, die den Mangel zu kompensieren sucht, anstatt einer freudigen Bejahung ihres Wesens – und das ist ein großer Unterschied. Hinzu kommen noch weitere Schwierigkeiten, die das kleine Mädchen nicht bewältigen kann. Es erlebt, wie die Mutter auf dem kärglichen Weideland nicht satt wird und daß sie trotzdem dort bleibt, wo es wenig oder gar nichts zu futtern gibt. Es spürt, wie die Mutter insgeheim den Vater verachtet, selbstverständlich, ohne daß sie das je offen ausspräche. Da ist lediglich die Art und Weise, wie sie den Vater anschaut, dieser entwertende Blick oder auch der kaum wahrnehmbar abschätzende Tonfall ihrer Stimme, wenn sie mit ihm oder über ihn spricht. Viele Mütter entwickeln eine eigenartige

masochistische Haltung. Obwohl sie den Ehepartner zutiefst verachten, bleiben sie bei ihm und dienen ihm weiterhin unterwürfig. Wie soll sich ein Mädchen mit dieser
Identifikationsfigur zurechtfinden, wenn ausgerechnet
der sehnlichste Wunsch, vom Vater beantwortet zu werden, keine Erfüllung findet? Durch die eigenen Erfahrungen, die es mit dem Vater macht, erlebt es leider oft Bestätigung der mütterlichen Welt. Zugleich gibt es aber die
Hoffnung nicht auf, doch noch seine Liebe zu erhalten,
damit es ihm ebenfalls seine eigene Liebe, die es für ihn
bereit hält, schenken kann. Wenn es nun aber keine Möglichkeit hat, eigene Erfahrungen mit der väterlichen Zuwendung zu machen, wird es selbstverständlich das Erleben der Mutter übernehmen. Schließlich wird das Bild
des Vaters von der enttäuschten Mutter gepinselt. Die
Tochter betrachtet den Vater durch die Brille der Mutter,
und das wird später wiederum ihre eigene Partnerbeziehung schwer belasten.

Die Behauptung, Mütter würden aus purer Eifersucht
die Beziehung der Töchter zu den Vätern verhindern,
mag in wenigen Fällen zutreffen. Diese Töchter erleben
einen schwachen Vater, der vor der Mutter kuscht und
nicht wagt, zu seiner Liebe, die er für die Tochter empfindet, offen zu stehen. Diese Tochter fühlt sich in ihrer
Liebe ständig verraten, und diese Verletzung sitzt tief.
Frauen mit einer solchen Vatergeschichte geraten später
oft in Beziehungen, wo sie als heimliche, geduldige Geliebte wieder dem Thema Verrat ausgesetzt sind. Diese
Frau hält oft in für sie leidvollen Verhältnissen aus, immer
genährt von der Hoffnung, daß irgendeinmal der geliebte
Mann sich offen zu ihr bekennt. Oft wartet sie jahrelang
umsonst.

Da viele Mütter ebenfalls vom väterlichen Defizit ge-
zeichnet sind, erleben sie mit der Tochter nochmals unbe-

wußt ihre eigene Tragödie. Die einen reagieren, indem sie es wieder nicht wahrhaben wollen und unterstützen die Tochter in ihrem steten Bemühen, so zu tun, als ob alles in bester Ordnung wäre. Die anderen fühlen sich unangenehm bewegt und setzen deshalb alles daran, daß nicht alte Erinnerungen schmerzlich wach werden. So sind auch sie darum bemüht, die väterlichen Mängel möglichst auszubügeln, und stopfen das Vaterloch durch zusätzliche Leistungen.

Das väterliche Desinteresse wird zunächst als Mangel gespeichert. Da nun aber ein Kind seinen Wert im Spiegel der Beantwortung erlebt, speichert es in seinen Körperzellen diese erste Erfahrung mit dem anderen Geschlecht zugleich als Selbstbild: so, wie ich bin, bin ich mangelhaft. Das ist der Schlüssel, um zu verstehen, weshalb viele Frauen an größten Unwertsgefühlen leiden. Vom Vater einst nicht beantwortete Töchter fühlen sich als ein Nichts – in bezug auf das andere Geschlecht. Als Erwachsene werden sie keine Mühe scheuen, um gegen diese Katastrophe anzukämpfen.

Es gibt in der Tat nur wenige Frauen, die mit sich zufrieden sind. Die meisten fühlen sich, so wie sie sind, nicht gut und schön genug. Im Gegensatz zu den Männern. Sie können noch so unvorteilhaft aussehen, die meisten sind von sich derart überzeugt, daß sie gar nicht in Erwägung ziehen, sie könnten dem anderen Geschlecht nicht gefallen. Es ist, als würden sie sich weiterhin im liebenden Glanz des mütterlichen Auges sonnen.

Selbstverständlich bist Du nicht mit mir einverstanden, das gehört ja schließlich dazu! Aber nenne mir bitte eine einzige Frau, die gleichermaßen dieses Kapital vom Vater bekommen hat und deshalb mit sich und ihrem Äußeren zufrieden ist! Du überlegst jetzt, denkst nach, willst mir das alles widerlegen – ich weiß. Du kramst in Deinem

Hirn herum, buddelst Dich rasch durch unseren Freundeskreis, und weil Du da keine finden kannst, wirst Du noch einen Blick auf literarische Gestalten werfen – aber die Ernte ist mager, äußerst mager. Gut, Du wirst mich an Madeleine und Muriele erinnern wollen, unsere Bekannten aus Frankreich. Was hast Du jeweils gesagt? Eigenartig selbständig – eigenartig spröd – eigenartig kantig – ungeschmückt, ohne jegliches Glitzerbeiwerk – Du erinnerst Dich, was uns die beiden Schwestern erzählt haben? Die Mutter emotional zugemauert und ziemlich kalt, der Vater hingegen voller Zuwendung und für die Töchter ansprechbar. Und das ist dabei herausgekommen: etwas unterkühlte Frauen (Identifikation mit der Mutter), aber dabei sehr selbstbewußt und selbstsicher und – was ihre beruflichen Fähigkeiten betrifft, beide sehr erfolgreich. Sie hatten direkten Zugang zum Vater, er beantwortete und bestätigte sie, und sie lernten von ihm die Spielregeln des Erfolges kennen. Sie konnten es sich leisten, einfach sie selbst zu sein, ohne sich in Pose zu werfen, um auf sich aufmerksam zu machen. Ich habe nicht viele Frauen gefunden, die mir solche und ähnliche Geschichten erzählen konnten. Meist waren sie beruflich sehr erfolgreich und hatten sich als Karriere-Frau in der männlichen Hierarchie ihren Platz erkämpft.

Nun gibt es aber viele Frauen, die in den höchsten Tönen von ihren Vätern singen. Und ihre eigene Persönlichkeit steht in eigenartigem Kontrast zu ihren Aussagen. Bei solch großartigen Vätern hätten sich auch großartige und selbstbewußte Frauen entwickeln sollen! Nichts von alledem. Es sind noch immer kleine Mädchen, die mit ehrfürchtigem Blick von einer überlebensgroßen Statue schwärmen. Manche erzählen von ihren Vätern in der gleichen begeisterten Atemlosigkeit, wie sie von ihren wunderbaren Frauenärzten berichten. Obwohl sie von ihren Vätern vergessen worden sind, setzen sie aber alles daran, um dies zu beschönigen. Der Schmerz wäre viel zu groß, der Wahrheit ins Auge zu blicken, die Phantasie hilft die Wunden zu bedecken. Sie schildern Erlebnisse mit dem Vater in den buntesten Farben, um sich selbst und andere davon zu überzeugen, wie sehr sie doch vom Vater geliebt worden seien. Aber hör ihnen zu, hör genau zu, was sie sagen: «Er hat mich gefördert. Er hat mich Skifahren gelehrt, er hat mich Schach spielen gelehrt.» Es können zwar geförderte Töchter sein – und das ist ja schließlich auch etwas –, wo aber ist die Trennung zwischen Förderung und Drill? Und was hat Drill mit Liebe zu tun? Geförderte Frauen haben einen anderen Grunddialog mit ihrem Vater gelernt, darüber später mehr.

Was aber geschieht nun mit der kleinen Tochter, wenn eine positive väterliche Beantwortung fehlt? Stell Dir also ein Kind vor, dessen kleines Herz pulsiert und glüht vor Liebe. Es ist wie eine blühende Blume in totaler Geöffnetheit! Was empfindet es, wenn seine große Liebe beim Vater nicht ankommt? Zunächst ist es fassungslos. Es versteht die Welt nicht mehr. Vielleicht wird es krank, wird von der Mutter gepflegt, und das ist schließlich ein kleines Trostpflaster – oder die mütterliche Pflege genügt nicht, und es läßt sich auch keine medizinische Diagnose finden. Auch ich war damals fassungslos, und mir blieb beinahe der Atem weg. Um Luft ringen, Asthmaanfälle produzieren, – wenn du dich nicht endlich um mich kümmerst, hör ich zu atmen auf und verschwinde, geh zurück, ins Paradies, wo ich einen andern Vater finde, einen, der mich liebt. Später dann, den Kopf schützend zwischen die Schultern geklemmt und möglichst flach am väterlichen Schmerzpunkt vorbeiatmend, der direkt im Grübchen zwischen dem Schlüsselbein steckt.

Noch heute kann ich mühelos jene Stelle beleben. Ein leises Berühren genügt, und die ganze Kindertraurigkeit ist wieder da.

Aber, was auch immer geschieht: es ist bereits vom tödlichen Pfeil des väterlichen Vergessens getroffen. Es hat die Resonanzlosigkeit in bezug auf das Männliche bereits in seiner Erfahrung gespeichert. Nicht beantwortet werden bedeutet für das Mädchen, ich bin nicht wert, geliebt zu werden, – also bin ich wertlos. Wunderst Du Dich nun, weshalb Frauen ständig über den Mangel an Selbstbewußtsein klagen?

Hier klaffen die Welten zwischen Jungen und Mädchen gewaltig auseinander. Speichert der Junge in seiner Körperintelligenz: ich bin einfach wunderbar, speichert das Mädchen ich bin mangelhaft, nicht liebenswert. Das Mädchen ist lebenslang an den Phantomschmerz Vater gebunden, und seine zukünftige Lebensgestaltung wird durch diese Behinderung geprägt. Siehst Du, und das ist der große Unterschied, der später böse Folgen haben wird!

Vom verzweifelten Versuch, Vaters Interesse zu wecken

Es gehört zu den Grundbedürfnissen aller Kinder: sie wollen beantwortet, geliebt und wertgeschätzt werden. Ebenso gehört dazu, die eigene Liebesfähigkeit ganz entfalten zu können, denn ein Kind will lieben und zwar nicht partiell, halb, sondern aus vollem Herzen mit weit geöffneten Armen! Es will die Mutter und den Vater lieben, ob dieser leibhaftig vorhanden ist, ob er nun bei der Familie lebt oder nicht. Die Liebesenergie frei fließen zu lassen ist mit dem ungehinderten körperlichen Wachsen vergleichbar. Wie aber soll ein Kind seinen Vater lieben können, wenn es ihn emotional nicht erreicht? Wenn er auf das Kind nicht mit Interesse reagiert, es sogar übersieht und vergißt? «Mein Vater stand wie ein großes, unförmiges Möbelstück im Wohnzimmer. Wir Kinder machten einen Bogen darum herum, paßten auf, daß wir nicht anstießen», so der Kommentar von Beatrice über ihre Beziehung zum Vater. Aber das kleine Mädchen gibt nicht so schnell auf. Es ist zwar bereits zutiefst verletzt, aber zugleich brennt in ihm das ewige Hoffnungslicht, das Wunder würde einmal doch geschehen. Auch wenn es längst begonnen hat, den Blickwinkel der resignierten Mutter zu übernehmen, kämpft es dennoch unermüdlich weiter um den Vater.

Die meisten Kinder beobachten messerscharf. Die Vorstellung der Erwachsenen, daß Kinder gewisse Dinge nicht mitbekommen, ist ein großer Irrtum, schließlich gehört ja auch das Beobachten in den ersten Jahren zu der wichtigsten Lernquelle für ein Kind. Zweifellos wird es nicht bewußt beobachten und sich die Informationen merken. Es wird jedoch alles, was in seiner Umgebung geschieht, unbewußt aufnehmen und es in seiner Seele wie in einer Datenbank äußerst genau einlagern. Von dieser Steuerzentrale wird später unser Verhalten bestimmt – ob wir es wollen oder nicht.

Das kleine Mädchen wird also Vater genau beobachten und sein Verhalten präzise registrieren. Dabei wird es feststellen, daß es Menschen gibt, denen gegenüber er schläfrig-gleichgültig ist, während bei anderen sein Interesse jäh erwacht. Es beobachtet, daß er plötzlich bei einem Fußballmatch am Fernseher atemlos miteifert oder äußerst wutkonzentriert eine Diskussion verfolgt, in der seine Meinung nur schwach vertreten wird, oder es beobachtet, wie er mit gesammelter Aufmerksamkeit seine Zeitung liest. Ebenso wird es registrieren, daß er das Bild der schönen Quizmoderatorin heimlich und unauffällig in sich hineintrinkt oder wie seine Augen mit einem begehrlichen Glanz ausgestattet sind, wenn er mit oder von bestimmten Frauen spricht. Die Tochter wird das Ziel des väterlich freudigen Begehrens intuitiv unter die Lupe nehmen und beginnen, ihre eigenen Chancen abzuschätzen.

Sie gelangt zu folgendem Ergebnis: daß sie grundsätzlich drei verschiedene Möglichkeiten hat, um Vater auf sich aufmerksam zu machen, – und diese Lektionen lernt sie gut. Sie werden später ihr Leben und vor allem ihre Partnerbeziehung weitgehend bestimmen.

1. Die häufigste Variante ist die *Gefall-Tochter.* Sie versucht unermüdlich, Vaters Aufmerksamkeit durch optische Gefälligkeit zu erhaschen oder durch besonders gefälliges Verhalten seine Zuneigung zu erwerben. Durch Gesehen-Werden aus dem schrecklichen Gefühl des Vergessen-Werdens, des Nichtexistent-Seins erlöst zu werden: *Ich gefalle, also bin ich.*

2. Durch besondere Leistungen zeichnet sich die *Leistungs-Tochter* aus. Sie wählt jene Bereiche aus, von denen sie weiß oder vermutet, diese könnten den Vater interessieren und erfreuen. Sie investiert ihre ganze Kraft, müht sich ab, scheut keine noch so große Anstrengung, um in diesem speziellen Gebiet leistungsstark zu werden: *Ich bin leistungsfähig und erfolgreich, also bin ich.*

3. *Die Trotz-Tochter* bringt dem Vater Widerstand entgegen, trotzt, legt sich quer zu allem, besonders zu seinen Ansichten. Sie ringt ihm seine Aufmerksamkeit ab, sie erkämpft sich sein Interesse, sie zwingt ihn, ihre Existenz zur Kenntnis zu nehmen und sich mit ihr zu duellieren: *Ich spüre Widerstand, also bin ich.*

Das Mädchen wird jene Strategie wählen, zu der es von seinen Anlagen her die besten Voraussetzungen mitbringt. Verfügt es über einen guten Fundus an Empörungsenergie, um sich gegen das väterliche Desinteresse aufzubäumen, wird es die Rolle der Trotz-Tochter wählen. Ein eher introvertiertes Kind mit starken Anlagen zum Denkerischen entwickelt sich zur Leistungs-Tochter; ebenso ein Bewegungskind, das sich die sportlichen Bereiche erobern wird. Dann gibt es aber auch noch Mädchen, die wählen jenes Gebiet, das am erfolgversprechendsten ist, Vaters Aufmerksamkeit zu gewinnen, ob sie sich anlagemäßig eignen oder nicht. Und sie entwickeln sich zur Gefall-Tochter.

Es gibt selbstverständlich auch Mädchen, die mühen sich auf verschiedenen Bühnen ab und versuchen, auf zwei oder gar drei Hochzeiten gleichzeitig zu tanzen.

Die Gefall-Tochter: Ich gefalle, also bin ich

Es kann ja schließlich keinem Mädchen entgehen, wo beim männlichen Blick die größte Energiekonzentration stattfindet! Deshalb manövrieren sich viele Mädchen systematisch in die unglückselige Situation der Gefall-Tochter hinein.

Bereits mit zwei oder drei Jahren, also in einem Alter, in dem sie bestimmte Dinge verrichten kann, bildet sich ihr Programm heraus. Zwar ist ihr Handlungsspielraum noch begrenzt, aber sie ist nicht mehr hilflos in einer passiven Erwartungsrolle den Geschehnissen ausgeliefert. Sie kann bereits Initiative ergreifen, um etwas in Aktion umzusetzen. Und das tut sie dann auch!

Sie wird intuitiv ihre Chancen ausmachen und jene Personen nachahmen, die in der Lage sind, das väterliche Interesse zu wecken. Sie wird sich die ihr zugänglichen Requisiten dazu verschaffen. Sie schlüpft flink in die Stöckelschuhe der Mutter hinein, beschmiert das Gesicht mit Puder, Eyeliner und Lippenstift, um stolz am Vater vorbeizuwackeln. Sie hängt glänzendes Geschmeide an die Ohren oder läßt sich ein Schleierchen umbinden oder in die Haare flechten, um erwartungsvoll darin herumzustolzieren. Oder sie strebt noch mehr Ähnlichkeit mit dem großen Vorbild an und stopft sich gar zwei Wollknäuel unter den kleinen Pullover. Alles aber – und das muß man klar sehen – hat nur ein einziges Ziel: die väterliche Aufmerksamkeit zu erregen. Es ist völlig absurd, wenn dieses Verhalten bereits als ein dem Weibe innewohnender Hang zur Verführung ausgelegt wird. Es muß als verzweifelter Versuch verstanden werden, via Nachahmung auf der Bühne des Beachtetwerdens endlich die männliche Resonanz zu erhalten. Da dem Mädchen die Aufmerksamkeit nicht einfach geschenkt wird, muß es irgend etwas Verführendes veranstalten, damit es endlich von ihm, den es so innig liebt, ebenfalls zurückgeliebt und in seinem ganzen Mädchenwesen erkannt und wertgeschätzt wird. Das ist alles, was es will! Diese Signale werden leider in den meisten Fällen entweder falsch verstanden oder aber überhaupt nicht zur Kenntnis genommen. Beides ist für das kleine Mädchen tragisch und folgenschwer. Es kann sein, daß der Vater (und auch die Mutter) dem Verführungsspiel des kleinen Mädchens insofern Beachtung schenken, als sie sich darüber amüsieren. Dies ist immerhin schon ein kleiner Erfolg, und das Mädchen wird sich dieses Muster gut merken. Und damit ist die zukünftige Verführungsfrau geboren, die Zeit ihres Lebens in dieser Weise auf sich aufmerksam machen wird. Mit zunehmendem Älterwerden mit katastrophalen Folgen: je älter ich werde, um so weniger bin ich.

Eine andere Variante besteht darin, daß es versucht, durch sein Verhalten dem Vater zu gefallen. Das ist das ausgesprochen brave Mädchen, es ist besonders artig und wohlgefällig. Es versucht, dem Vater zu gefallen, indem es ihm hundert kleine Liebesdienste erweist, um ihm das Dasein zu verschönern. Es bringt ihm die Hausschuhe oder wärmt mit seinen kleinen Händchen die kalten Schuhe an, massiert ihm Füße, Genick oder Kopf – was er dann durchaus sehr genießt. Im Erwachsenenalter sind diese Frauen besonders beliebt. Eine solche Frau ist so gut geschult, daß sie sofort aufnehmen kann, was der Partner gerne von ihr möchte. Meist kennt sie die Bedürfnisse anderer in- und auswendig, während ihr die eigenen völlig unbekannt sind.

Da der Wunsch, vom Vater beantwortet zu werden, weder eine individuelle Marotte noch eine Fehlentwicklung, sondern ein Grundbedürfnis ist, wird ein Kind unermüdlich und mit ungebrochener Energie weitere Variationen durchspielen. Der Grundstein für das zukünftige Verhalten der Tochter gegenüber dem andern Geschlecht ist gelegt: will sie gesehen werden, will sie Anerkennung und Resonanz, muß sie alles daran setzen, um zu gefallen! Sie wird fortan ihre ganze Kraft darauf verwenden, entweder durch äußerliche Signale endlich die ersehnte Aufmerksamkeit einzufangen oder durch Wohlverhalten beachtet zu werden. Jeder aufmerksame, interessierte Blick wirkt wie ein besänftigendes «Heile-heile-säge» auf die schmerzenden Wunden des Übersehenwerdens. Nicht zur Kenntnis genommen werden ist für das Kind gleichbedeutend mit fehlerhaft sein oder noch schlimmer: überhaupt nicht existent sein. Es verliert systematisch den Kontakt zu seinem Körpergefühl, es orientiert sich nicht aus sich heraus, sondern bezieht seine ganze Lebensorientierung aus der Resonanz, die es auszulösen vermag. Der blinde väterliche Spiegel, der es nicht zurückgespiegelt hat, ist und bleibt die uralte Wunde: so wie ich bin, bin ich mangelhaft. Etwas ist krumm gewachsen, ist schief, defekt, ist nicht in Ordnung. In jeder Zelle sitzt diese Information: irgend etwas stimmt nicht mit mir, meinem Körper, sonst würde Vater mich beachten, sich für mich interessieren. So haben Frauen bereits früh gelernt, Fehlerquellen entweder im eigenen Verhalten oder im Körperlichen zu suchen. Deshalb finden sie mit Sicherheit vieles, was sie an sich ändern müßten. Durch Diäten, Stretching, Joggen usw., in reiferen Jahren mit Liften, kämpfen wir verbissen ein Leben lang gegen vermeintliche Mängel. Frauen mit dieser Lebensgeschichte können noch so schön sein und einen noch so vollkommenen Körper besitzen, sie fühlen sich immer ungenügend oder gar häßlich.

Kannst Du Dich noch erinnern, als ich einmal ein altes Photo von mir auf Deinem Schreibtisch sah? Ich wollte Dir damals erklären, wie das Photo auf mich wirkt, aber Du konntest es nicht verstehen. Vielleicht kannst Du es jetzt begreifen. Als ich von weitem das Photo sah, erkannte ich mich nicht darauf und dachte: was für eine attraktive und hübsche Frau. Als ich dann näher trat, erschrak ich. Sofort meldete sich mein Körpergefühl: in jeder Zelle hatte sich die Information eingenistet, daß ich unbeschreiblich häßlich sei. Dieses Gefühl sitzt wie eine Tätowierung tief unter der Haut. Kein Spiegel kann dagegen etwas ausrichten! Und ich bin kein Einzelfall. Viele Frauen haben mir das Gleiche erzählt! Auch in meiner psychotherapeutischen Arbeit mit Frauen bin ich diesem Phänomen laufend begegnet. Ich sage Dir, die schönsten und vollkommensten Frauen fühlen sich restaurationsbedürftig.

Übrigens habe ich dieses Syndrom auch bei übergewichtigen Frauen gefunden (einschließlich mir selbst). Die Fettschicht kann wie eine wohltuende Verhüllung wirken, um die defekten Stellen zu verbergen. Auch kann Mann übergewichtige Frauen weniger gut übersehen, – als ob sie noch immer den Vater darauf aufmerksam machen wollten, daß sie existieren. Auch zeigt sich bei Frauen, bei denen sich die überflüssigen Pfunde vorwiegend um Taille, Bauch und Oberkörper verteilt haben, eine ausgesprochene Vaterproblematik. Sie sehen nackt wie kleine pummelige Mädchen aus, die noch immer auf die väterliche Zuwendung hoffen. Zugleich fühlen wir uns durch die überflüssigen Pfunde derart verunstaltet, daß wir sicher sind, den Vater-Mann niemals für uns zu gewinnen.

Die Gefall-Töchter besitzen ein negatives Selbstbild. Sie wollen es loswerden, indem sie ständig versuchen, allen Männern zu gefallen. Sie sind bereit, alles Erdenkliche an Anstrengungen, Entbehrungen und auch an Kosten auf sich zu nehmen, ohne aber jemals auch nur annähernd an ein einigermaßen befriedigendes Ziel zu gelangen. Sie haben längst die Beziehung zu sich selbst, zu ihrem Körper verloren, lediglich die negativen Erinnerungen sind geblieben. Sie orientieren sich ausschließlich daran, wie die männliche Welt auf sie reagiert. Solche Frauen sind leicht zu beeinflussen, manipulierbar. Da aber Selbstbewußtsein und Selbstvertrauen nur aus einem Gefühl von eigener Individualität erwachsen können, ist es nicht verwunderlich, wenn diese Frauen ständig unter mangelnder Selbstsicherheit leiden. Wie sollen wir denn Vertrauen in unser eigenes Selbst haben, wenn es uns abhanden gekommen ist? Wie sollen wir unser eigenes Haus aufbauen, wenn das Fundament fehlt? Das ist eine der weitverbreitetsten Frauenkrankheiten! Die meisten Frauen beklagen sich entweder, daß ihnen ihre Selbstsicherheit abhanden gekommen ist, oder darüber, daß sie niemals eine aufbauen konnten.

Siehst Du, lieber Fabian, es ist eben wirklich ein ganz entscheidender Unterschied, ob du in einem männlichen oder in einem weiblichen Körper steckst. Das ist das Geheimnis, weshalb es relativ wenige Männer gibt, die sich über mangelndes Selbstbewußtsein beklagen. Sie tragen das Bewußtsein ihrer selbst in jeder Zelle. Das mütterliche Auge hat es ihnen vermittelt. Später beziehen sie daraus selbstsicheres Auftreten und denken nicht im Traum daran – auch wenn sie guten Grund dazu hätten! – in irgendeiner Weise weder in ihrer Körperlichkeit noch in ihren Ansichten verunsichert zu sein. Wenn Du mir das nicht glauben willst, so bitte ich Dich, schau Dir Fernsehdiskussionen mit Frauen und Männern an: Männer können noch so potthäßlich aussehen, dies hindert sie in keiner Weise daran, erstens öffentlich aufzutreten und zweitens die unvorteilhaftesten Partien großzügig jedermann/frau vorzuführen und drittens, abwegige Meinungen mit einer grenzenlosen Überzeugung auszubreiten. Während Frauen versuchen, sich immerfort in eine möglichst günstige Pose zu werfen, unermüdlich an sich herumzupfen, um sich äußerlich möglichst vorteilhaft und für das männliche Auge appetitanregend hinzudrapieren.

Vom Vater vergessene Frauen verpulvern den größten Teil ihrer Energie in die Maskierung, Kostümierung, Restaurierung und Präsentierung ihrer Körperlichkeit. Wenn wir die verlorenen Stunden zusammenzählen würden, in denen wir uns mit Mode, mit Frisuren, mit Kosmetik, mit Diäten und überhaupt mit unserem Aussehen beschäftigt haben, um den Männern zu gefallen, kämen wir auf ein halbes Leben. Es ist ein Irrtum zu glauben, daß sich das alles ganz nebenbei ereignet. Im Gegenteil! Es steht im Zentrum unserer Interessen. Schließlich hängt davon unser Sein oder Nichtsein ab!

Vom Vater nicht beantwortet worden zu sein ist eine tödliche Wunde, an der eine Frau verbluten kann. Was Frauen alles mit sich machen lassen, kann nur vor diesem Hintergrund erklärt werden. Alle Frauen, die durch ihr Äußeres irgendwie auffallen oder durch speziell zudienende Gefälligkeiten gefallen, wählen unbewußt überlebensstrategisch dieses Programm, um nicht in das dunkle Loch des Nichtgesehenwerdens, des Vergessenwerdens hinunterzufallen.

Sexualität als Retter in der Not

Die ewige Sehnsucht nach den Vätern läßt uns zum letzten Mittel greifen. Ist es uns als kleines Mädchen nicht gelungen, die väterliche Aufmerksamkeit und Beantwortung zu gewinnen, wird sich unsere hilflose Situation dann ändern, wenn wir beginnen, erwachsen zu werden. Wenn wir allmählich flügge werden, den Kinderflaum abschütteln, uns räkeln und der Busen zu sprießen beginnt, erleben wir zum ersten Mal das große Wunder: Männeraugen richten sich interessiert, begehrend auf uns. Auf die nie erreichte Vaterfigur folgen die Ersatzväter, die nun stellvertretend zur Kasse gebeten werden. Wir wachsen allmählich in eine Machtposition hinein – und die werden wir nun zwar gezielt, aber völlig unbewußt, ausnützen. Durch die lange Zeit der Antwortlosigkeit ist der Hunger nach Resonanz derart groß, daß nur noch ein eindeutiges Begehren den Wundschmerz des Vergessenwerdens zu lindern vermag. Für viele Frauen wird es zur zentralen Lebensfrage, wie sie ihre körperlichen Reizsignale am effizientesten einsetzen können, um männliches Interesse zu ködern. Das stete Bemühen, sexuelle Reize kokett zu zelebrieren und sich in verführerischen Positionen hinzudrapieren, macht das Ausmaß der tiefen seelischen Verletzung deutlich.

Wir sind nämlich unersättlich und können nicht genug von diesen begehrlichen Blicken bekommen, es ist der absolut letzte verzweifelte Versuch, doch noch die langersehnte Resonanz zu erhalten. Wenn dem Mann bei unserem Anblick das Wasser im Munde zusammenläuft wie beim Anblick einer Schwarzwäldertorte, dann sind wir am Ziel, es verschafft uns Befriedigung – für einen kurzen, schnell vorbeieilenden Atemzug. Aber es ist wie mit einer Sucht. Wir bekommen niemals das, nach dem wir uns sehnen. Und wir müssen uns stets mit gigantischer Mühe weiterhin herrichten, aufrüsten. Ob im Strandbad, auf der Party, in aufreizender Pose für ein Privatphoto, beim erotischen Tanz in einem Discokeller oder gar als Nachtclubstrip-Tänzerin auf irgendeiner Provinzbühne. Das Motiv bleibt stets dasselbe: endlich bewundert und begehrt zu werden. Wir halten die Kosmetik-, die Modebranche, den ganzen Schönheitsverein auf Trab, rennen wie Alkoholikerinnen jedem verheißungsvollen Modetropfen nach und hoffen auf das Wunder. Je mehr wir aber eine erotisch aufreizende Werbung betreiben, um so stärker erhalten wir im körperlichen Bereich Resonanz. Und damit geraten wir in einen neuen unlösbaren Konflikt. Die Bewunderung für den Busen ist zwar besser als gar nichts. Im Vergleich aber zu dem, was wir wirklich wollen, ist es weniger als ein übler Witz. Wir fühlen uns gedemütigt, gekränkt und im Innersten wieder unbeantwortet und vergessen. Ein schreckliches Gefühl der Leere, des Unverstandenseins und der Einsamkeit breitet sich aus. Seelisch bleiben wir gottvergessen mausallein. Wir bekommen also wieder nicht das, was wir ersehnen. Eine entsetzliche Leere breitet sich aus, die wir dann wiederum versuchen, mit begehrlichen Männerblicken auszufüllen. Ein Teufelskreis beginnt.

Ich möchte Dir da eine persönliche Geschichte von mir erzählen, die ich erst jetzt allmählich begreife. Als ich etwa 15 Jahre alt war, schenkte mir meine Mutter zum Geburtstag ein kardinalrotes Trikotkleid. Es war der letzte Schrei. Ich zog es an und mauserte mich mit einem Schlag aus dem neutralen Dasein in unförmigen Faltenröcken und weiten Pullovern in ein weiblich konturiertes, formenreiches. Die männlichen Blicke auf der Straße folgten mir, und ich badete mich darin. Ich konnte nicht genug von diesen wohltuenden Blicken bekommen. Endlich! Nach all den Mangeljahren bekam ich männliche Aufmerksamkeit! Ich hatte nur noch eines im Kopf: was müßte ich unternehmen, daß mir diese Blicke nie mehr abhanden kommen, und – wie könnte ich dieses Wohlgefühl eventuell noch steigern? Nachdem ich sie nämlich einmal auf mich gezogen hatte, konnte ich mir ein Schattendasein wie früher nicht mehr vorstellen. Mir gelang es, meine Mutter dazu zu bewegen, daß sie mir noch ein weiteres Kleid im selben Schnitt kaufte. Diesmal war es hellblau. Freudig machte ich mich damit auf den Weg und – die Wirkung blieb aus. Ich war erschüttert. Was hatte ich falsch gemacht? Es dauerte nicht lange, bis ich dahinter kam. Die Farbe war schuld daran. Seit jenem Tag trug ich nur noch papageigrelle Farben. Am liebsten rot. Von tomatenrot über kirschrot, von arterienblutrot bis venösblutrot, von tizian- und blutorangenrot zu saphirrot, über klatschmohn- und johannisbeerenrot bis zu karottenrot. Selbst die Haare färbte ich mir rot. Ich hatte immer enorm viel zu tun! Und ich hätte wohl noch viel mehr an Aufwand auf mich genommen, wenn ich damit das Gefühl des Übergangenwerdens, des Vergessenwerdens hätte bannen können. Ich ging oft bis an den Rand der Karikatur. Die immense Anstrengung, die ich für diese Kostümierung investierte, ist mit dem verzweifelten Kampf einer Ertrinkenden zu vergleichen. Es ist ein Kampf um Leben und Tod! Du verstehst. Lieber unangenehm auffallen, dafür aber sich lebendig fühlen, als überhaupt nicht gesehen werden und somit im dunklen Loch des Vergessenwerdens untergehen. Und damit geriet ich unweigerlich wie viele andere Frauen in eine neue leidvolle Falle.

Du erinnerst Dich wohl noch daran, daß ich vor einiger Zeit eine Farbberatung machen ließ. Du lachtest mich aus. Ich lachte ebenfalls und nahm alles nicht sehr ernst. Wieder eine neue Erfindung, ein neuer Trend, eine Spielerei, mehr nicht. Wozu denn überhaupt eine Beratung, meintest Du. Mit Sicherheit würde ich mogeln, um mir bestätigen zu lassen, was ich hören wolle. Klar wollte ich bescheißen. So wie ich stets die Waage hinters Licht geführt habe, bis ich sie auf den Müll warf, so wollte ich mich auch bei einer Farbberatung nicht einfach einem Testschema ausliefern, das sich da irgendeiner irgendwie ausgedacht hatte. Nun war das aber gar nicht so einfach, da man nämlich gar nicht manipulieren konnte. Es gab so schrecklich objektive Kriterien wie z. B.: Bei welchen Farben sind die Zähne weiß und bei welchen gelb? Welche Farben lassen es zu, daß man die Augen, das Gesicht sieht, und bei welchen Farben sieht man vor allem die Farbe des Kleides und sonst nichts? Bei welchen Farben hängen die Mundwinkel nach unten und das Gesicht erscheint leichenfarbig? Nach Beendigung des Testes bekam ich eine Farbskala mit all jenen Farben, die für mich besonders geeignet seien. Ich nahm es selbstverständlich noch immer nicht ernst. Als ich allein in meinem Zimmer war, warf ich zum ersten Mal einen Blick auf «meine» Farben. Schrecklich! Alles nur erdenklich Fade und Unscheinbare hatte sich da versammelt. Sommerfarben, wie sie so schön heißen. Wie wenn das Bunte, Lebendige und Aufregende durch eine schwülflirrende Sommerhitze abgedämpft würde. Zuerst bekam ich eine Wut, dann Herzklopfen. Zugleich stellten sich die Bilder ein. Das hellblaufade Kleid tauchte auf und mit ihm die ganze Tragödie des Übersehenwerdens. Niemals würde ich mich in diese Farben kleiden! Da kann ich mich genauso gut lebendig begraben lassen! Du lachtest über meine dramatische Äußerung. Und ich wußte damals noch nicht, wie recht ich mit dieser Aussage hatte. Lebendig begraben sein! Das war exakt das Gefühl, gegen das ich unbewußt mit meinen knallbunten Farben kämpfte. Ich schmiß diese alberne Farbkarte dann in eine Ecke, und Du meintest, das sei aber ein teurer Spaß gewesen. Während der letzten Wochen nun hat sich etwas Interessantes verändert. Ich habe mir nach unserer Trennung einige neue Sachen gekauft. Einfach so. Ohne großes Überlegen. Erst jetzt fällt mir auf, daß es nicht mehr die alten Farben sind. Ich fühle mich darin ausgesprochen wohl, ganz besonders in eisblau, wollweiß und kühlem rosa. Ich holte meine Karte hervor und stellte fest, daß ich endlich bei diesen unscheinbaren Farben gelandet bin. Ich erlebe die neuen Farben wie eine Erlösung! Sie gestatten mir, von der anstrengenden Bühne abzutreten. Endlich auf einer Ofenbank sitzen und es einfach genießen, – die Wärme, die sich bis in mein Innerstes wohlig ausbreitet.

Ich habe fast ein halbes Jahrhundert gebraucht, bis ich endlich zur Ruhe gekommen bin. Die unheimlich anstrengenden, leidvollen Jahre dazwischen sitzen mir noch wie ein Gespenst im Genick. Fabian, ich sage Dir, es ist ein elendes, armseliges Lumpensammlerdasein: wir erbetteln Anerkennungsfetzen, um das dunkel gähnende Vaterloch auszustopfen.

Selbstverständlich setzen wir alles daran, um aus der demütigenden Jagd nach Aufmerksamkeit einen Dauerzustand zu machen. Wir suchen nach einem geeigneten Partner, den wir möglichst vertraglich zu diesen Leistungen verpflichten möchten. Und von ihm wollen wir die Garantie, daß wir nie mehr in jene Bereiche des Vergessenwerdens hineingeraten. Die Wiederholung der väterlichen Urszene ist vorprogrammiert: Wenn der Partner zunächst durchaus noch ehrlich an uns interessiert war, so wird auch hier irgendwann – vielleicht schon recht bald – der für uns so lebenspendende Glanz des Begehrens in seinen Augen ermatten oder gar ganz erlöschen. Wir versuchen es mit einer neuen Frisur, mit einer neuen Diät, mit neuen Klamotten – ohne Erfolg. Längst sind wir zum Inventar geworden, zum Billigangebot für den Griff über die Bettkante, zum Samstagabendschnellfick. Und unser Leiden wird grenzenlos. Und wir wollen die Beantwortung nur von dem einen, der uns mit gelangweiltem Blick übergeht, – denn das sind die heimatlichen Klänge. Und wir kämpfen, halten durch, halten aus und hoffen – und hoffen. Der gleichgültige Ehemann fügt sich nahtlos in die vorgestanzte Form des desinteressierten Vaters ein. Sie passen ineinander wie leere Trinkbecher!

Deshalb ist es ja auch so verdammt schwierig, sich vom Ehemann zu verabschieden. Er steht stellvertretend für den Vater, auf ihn sind wir fixiert und können ihn deshalb nur schwer loslassen. Eine Trennung hieße auch, endgültig die Hoffnung zu begraben, daß ein väterliches Echo auf unsere Existenz zurückhallt. Und das können wir uns nicht leisten. Schließlich war es genau diese Hoffnung, die uns als kleine Mädchen davor bewahrte überzuschnappen.

Die Situation des Mannes ist indessen nicht minder konfliktreich. Haben nämlich diese Frauen endlich ihren vermeintlichen Prinzen gefunden, lassen sie nicht mehr von ihm ab. Ein Mann, der die belastende Nachfolge des Tochtervaters angetreten hat, oder besser ausgedrückt, ahnungslos hineingestolpert ist, wird von dieser Rolle nicht so schnell wieder loskommen. Er fungiert längst als Blasebalg, der ihren zusammengefallenen Selbstwertballon permanent aufpusten muß. Diese Rolle lastet auf ihm wie ein Fluch, von dem er sich nur schwer befreien kann. Und hier müssen wir der Wahrheit ins Auge blicken:

auch bei durchaus kräftiger seelischer Konstitution wird ihm irgendwann die Luft ausgehen müssen. Eine Gefall-Tochter zur Partnerin zu haben, ist zwar eine sehr angenehme, zugleich aber auch sehr anstrengende Angelegenheit. Sie wird alles tun, um seine Bedürfnisse bestmöglichst zu befriedigen, auch jene, die er verbal nicht einmal anmeldet. Sie ist auf geheimnisvolle Weise mit seinem Gefühlshaushalt verbunden und nimmt alles auf. Er darf sich als kleiner Pascha fühlen, dem seine Wünsche von den Augen abgelesen werden. Aber das hat seinen Preis! Dafür übernimmt er die väterlichen Schulden mitsamt den Zinsen, d.h. er muß ihr so viel Anerkennung und Aufmerksamkeit schenken, daß sich die alten Mangelerscheinungen nicht melden. Sie schließt sich parasitär an den Organismus des Partners an, bezieht über ihn sämtliche Lebensvitamine, um ihr ramponiertes Selbstwertgefühl zu regenerieren. Sie orientiert sich ausschließlich an ihm, ist emotional von ihm abhängig und nimmt deshalb auch jede seiner Gefühlsregungen seismographisch wahr. Sie greift also unentwegt in ihn hinein, während sie die eigenen Gefühle kaum noch wahrnehmen kann. Sie muß sich ununterbrochen ihren Selbstwert durch ihn beatmen lassen, allerdings nicht von Ma(h)l zu Ma(h)l, sondern durch ständige Fütterung ihrer verhungerten Seele.

Spielt der Partner zunächst noch mit und stellt sich als Vollwertlieferant zur Verfügung, scheint alles in bester Ordnung. Die vergessene Tochter ist vorläufig rehabilitiert und sitzt endlich zur Rechten des Allmächtigen. Dieses System aber ist anfällig für kleinste Störungen. Ein «falsches» Wort, ein kurzer Blick für eine andere, ein flüchtiges Leuchten im linken Auge für eine freundlich lächelnde Verkäuferin genügen, und der Friede ist gestört. Meist hängen über der Ehe dicke Wolken. Die gekränkte Tochter schickt den Ersatzvater entweder durch ihr beharrlich leidendes Schweigen in das Land der Schuldgefühle, wo kein Weg herausführt, oder sie macht ihm schreckliche Szenen, so daß er sich plötzlich auf einem Kriegsschauplatz wiederfindet, wo er weder seine Rolle noch die Spielregeln kennt. Er kann eigentlich machen, was er will, es ist immer falsch. Männer in diesen Konstellationen sitzen wie in einer Falle fest. Zudem ist auf die Dauer eine derart abhängige Frau weiß Gott keine anregende und interessante Partnerin mehr. Sie verliert durch diese Fixierung und Abhängigkeit den letzten Rest an Anziehung. Noch verheerender wirkt es sich auf ihr Selbstbild aus, denn ihre Fähigkeiten, Talente und Begabungen schrumpfen auf ein Nichts zusammen. Sie sind zwar meist hervorragende und pflichtbewußte Hausfrauen, die den ehelichen Prinzen bestens versorgen, aber das ist dann schon alles, was sie noch zu bieten haben. Oder sie stehen weiterhin in ihrem Beruf, sitzen allerdings auf der bisher erreichten Entwicklungsstufe fest und stagnieren. Die zur Verfügung stehende Energie wird an den männlichen Partner angeschlossen und nicht mehr für eigene Ziele eingesetzt. Sie wird ihn beim Aufbau seiner Karriere unterstützen, indem sie für eine einwandfrei funktionierende häusliche Infrastruktur sorgt. Der Gemahl wird sich dann immer wieder sagen, daß er seiner Frau doch wirklich nichts Negatives vorwerfen könne, außer ... eben, außer, daß es mit ihr eben nicht mehr sehr spannend sei. Zugleich aber fordert die Gefall-Tochter-Frau weiterhin, daß der Ersatzvater sie bewundert und begehrt wie am ersten Tag. Und weil er das mit dem besten Willen nicht schafft, ist sie enttäuscht und tief beleidigt, wenn er kein anerkennendes Wort findet für das selbstgenähte hübsche Blüschen. Dem Ehemann geht allmählich die Puste aus, und sein Energiepegel sinkt, sobald er seiner Ehefrau ansichtig wird, auf den Nullpunkt. Der

Mann sucht sich in der Regel dann doch ein Hintertürchen. Ein ganz geheimes, wohlverstanden. Zunächst als kleiner Imbiß, als Zwischenverpflegung, um die heruntergekommene Batterie wieder aufzuladen. Er richtet sich irgendwo eine geheime Nische ein, auf die Tochter-Frau keinen Zugriff hat. Er nimmt sich klammheimlich eine Geliebte, mit der er endlich auch seine sexuellen Bedürfnisse ausleben kann. Denn vergessene Töchter sind in der Regel, was ihre eigene Lust in der Sexualität anbetrifft, nur sehr schwer einzuschätzen. Oft wirken sie auf den Mann einfach launisch. Auch wenn sie nach außen eindeutig aufreizende Signale senden, heißt das bezüglich der Erfüllung überhaupt nichts. Es ist durchaus möglich, daß sie ihre visuellen Versprechen einlösen, aber es kann ebensogut nicht der Fall sein. Mal wollen sie, mal wollen sie nicht. Unberechenbar sind sie deshalb, weil es ihnen nicht in erster Linie um sexuelle Lust geht, sondern viel mehr um das Begehrtwerden. Sexuelle Lust verspüren würde auch bedeuten, daß die Frau ihre Körpergefühle wahrnehmen kann, aber das kann sie oft nicht. Sie ist ganz fixiert auf das Gefühl des Begehrtwerdens; «Ich werde begehrt, also bin ich» lautet die Erlösungsformel der vergessenen Tochter. Deshalb kann ihr allein das Gefühl genügen, daß sie begehrt wird. Auf Sexualität könnten viele ohne weiteres verzichten. Männer verstehen dann überhaupt nichts mehr. Eben lockte sie verführerisch, und plötzlich hat sie genug und zieht sich zurück. Verweigerungstaktiken gehören zur Tagesordnung. Vergessene Töchter sind aber auch durchaus in der Lage, sexuelle Lust vorzutäuschen, um sich selbst und auch dem Partner die großartige Leidenschaft vorzugaukeln.

Ja, ein trauriges Kapitel. Auch ich gehörte zu diesen Frauen. Fabian, Lieber, eigentlich habe ich erst mit Dir die Freude an der Sexualität entdeckt. Und mit Dir holte ich all das nach, was in den Jahren zuvor nicht zum Zuge gekommen war. Gott sei Dank!

Die in solchen Beziehungen lebenden Männer verstrikken sich oft im Labyrinth der eigentümlichen Logik vergessener Töchter. Die heimliche Freundin wirkt auf den Geplagten entspannend und wohltuend. Endlich eine unkomplizierte Frau! Bei ihr tankt er neue Kräfte für seine anstrengende eheliche Partitur. Solche Außenbeziehungen vermögen schwierige Partnerschaften mit Gefall-Töchter-Frauen vorübergehend zu entlasten und sogar zu stabilisieren. Sie bleiben im Hintergrund, absolut geheim, können gar über Jahre dauern, oft wissen selbst engste Freunde nichts davon. Die Tochter-Frau aber wittert unbewußt den dicken Braten, wird noch mißtrauischer und erahnt in jeder Kleinigkeit – sollte sich eine weibliche Fliege genüßlich auf den Brillenrand ihres Partners setzen – den großen Treuebruch. Durch die nagenden Schuldgefühle des Mannes erhöht sich seine Bereitschaft, die Partnerin möglichst zufriedenzustellen. Solche Beziehungen fühlen sich auch für Außenstehende höchst explosiv an, ein Funke genügt, und das Arrangement brennt wie Zunder. Irgendwann allerdings fliegt die ganze Sache auf. Entweder hat die Freundin die Nase voll von der ständigen Warterei und Heimlichtuerei, oder der Vater-Mann ist kräftemäßig derart erschöpft, daß er die Spielregeln «Zuhause» nicht mehr einhalten kann. Wenn der unglückliche Zu-Fall die Wahrheit ans Licht spuckt, ist das Drama perfekt. Tochter-Frau erlebt die Tragödie der vergessenen Tochter noch einmal, rotiert zunehmend in ihrem Seelenkäfig wie ein Hamster im Rad und gerät in eine schwere Krise. Je nach Temperament und Anlage versucht sie, damit fertig zu werden, respektive den Partner dazu zu zwingen oder gar zu erpressen, die Außenbeziehung unverzüglich abzubrechen. Den meisten Frauen fällt es schwer, sich auf sich selbst zu besinnen, ist ihnen doch ihr Selbst in der Fixierung auf den Partner längst abhanden gekommen. Viele stolpern in die nächste Falle: sie werden noch ein Stück abhängiger, noch unfähiger, noch kleiner. Sie setzen sich in den kleinsten Kinderstuhl, verweigern jede Selbständigkeit. Der Mann ist für mich zuständig! Was hat er mir nur angetan! Er gehört doch mir! Nützen diese Strategien nichts, verfallen sie in eine totale Verweigerung des Lebens. Er soll nur sehen, was er angerichtet hat! Aber wenn die Krise hartnäckig genug ist und die ganzen Wertvorstellungen und -fixierungen durcheinandergerüttelt worden sind, und kein Stein steht mehr auf dem anderen, dann kann freilich auch ein neues Haus erbaut werden. Und zwar ein eigenes. Nach eigenen Vorstellungen. Viele Frauen erleben dann die größten Überraschungen, wenn sie plötzlich sich selbst entdecken, ihre Fähigkeiten, ihre Begabungen und Talente. So ist das Ende der Startschuß für ein neues Leben.

Du hast mich damals durch diesen Prozeß begleitet – erinnerst Du Dich?

Nun möchte ich Dir aber noch über einen andern wichtigen Aspekt berichten, der Dich sicher ebenfalls interessieren wird. Wir haben ja oft darüber diskutiert, was Frauen wohl dazu veranlassen könnte, der Prostitution nachzugehen. Ich habe Dir damals erzählt, daß ich früher jedesmal eine gewisse Genugtuung verspürte, wenn ich am «Scharfen Eck» vorbeifuhr und die wartenden Frauen sah. Du hast das nie begreifen können und ich auch nicht. Es war ein Gefühl wie «Ich kann beruhigt nach Hause gehen. Die Welt ist in Ordnung.» Heute erst weiß ich, was dieses Gefühl bedeutet hat. In der Prostitution wird der Mann in die Knie gezwungen. Er will die Frau und zwar derart, daß er dafür bezahlt. Prostitution als Racheakt gegen den Mann. Daß die Frauen gleichzeitig auf der Strecke bleiben, zeigt nur, wie tief ihre Wunde sitzt.

Noch drastischer wird es im Showbereich. Dort muß er zwar bezahlen, aber er darf nur schauen, weiter nichts. Solche Aktionen verstehe ich als Strafe, stellvertretend für die Rache am Vater: «Jetzt, wo du willst, laß ich Dich zappeln wie ein Fisch an der Angel.»

Der Mann wird also zugleich in seiner Begehrlichkeit gedemütigt, weil er nämlich die herrliche Schwarzwäldertorte lediglich betrachten, aber nicht hineinbeißen darf. Das ist die Revanche für die Kränkung, die der Vater der vergessenen Tochter zugefügt hat. Die Rache für die alte Wunde sucht sie im Sexuellen und findet auf diese Weise Genugtuung:

«Jetzt siehst Du mich endlich, Du begehrst mich, möchtest mit Deinem harten Schwanz in mich eindringen – aber Pech gehabt, mein Alter! Du darfst nicht. Du darfst mich nur anschauen und begehren, anrühren aber darfst Du mich nicht. Quäle Dich mit Deinem Trieb ab, er soll Deine ganze Intelligenz zersetzen, es geschieht Dir recht, ich will Dich noch mehr reizen, bis Du den Verstand verlierst. Winselnd sollst Du vor mir liegen, und ich denke nicht daran, Dich zu erhören. Wie du mir, so ich dir.»

Weshalb Frauen dümmer als Männer sind

Wie du mir, so ich dir, lautet die unbewußte Devise der Gefall-Tochter. Sie weiß, was es heißt, den Verstand zu verlieren. Sie weiß, wie es sich anfühlt, nicht mehr denken zu können. Das ist nämlich geradezu ein Dauerzustand für die Gefall-Tochter. Diese Frauen können noch so intelligent sein, sie werden unverzüglich um einige Oktaven dümmer, erleiden augenblicklich eine erhebliche Einbuße ihrer Intelligenz, wenn irgendwo ein Mann aufkreuzt. Die alte Magie wirkt sofort: sie muß ihm gefallen. Gefallen müssen heißt die gesamte zur Verfügung stehende Energie auf einen einzigen Punkt zusammenbündeln, um sie ungebrochen in den Dienst des Gefallens zu stellen. Augenblicklich rinnt die Kraft aus dem Hirn heraus und sammelt sich in den unteren Etagen; sich in die vorteilhafteste Pose werfen, dafür sorgen, daß die Locken glanzschimmernd, luftig und flockig wie in der Shampoo-Fernsehreklame fallen, der lose Puder wie frisch hingeworfener Schnee über dem perfekten Make-up liegt und die Haut pfirsichsamten anmutet, der Bauch atemlos und platt wie ein Brett gespannt und die Beine so aufregend wie nur möglich ins Blickfeld gestellt. Die gigantische Anstrengung ist jedoch so groß, daß die Pose zur Posse wird: die Haare kleben plötzlich fettsträhnig, der Lippenstift hat ausgerechnet im wichtigsten Moment die Zähne Rote-Bete-Rot gefärbt, und der Bauch bläht sich im ungünstigsten Moment auf und quillt wie ein Hefeteig über den Schüsselrand. Das sind die hilflosen Versuche des kleinen Mädchens, das beharrlich alles daransetzt, um zu gefallen. Sein oder Nichtsein. Diese Frauen sind fixiert auf den Mann wie die Mücken aufs Licht – und verbrennen dabei den größten Teil ihrer zur Verfügung stehenden Energie.

Diese Erfahrung macht die typische Gefall-Tochter bereits in der Schule. Wie Untersuchungen belegen, sind Mädchen in den ersten Jahren des Schulbesuches in ihren Leistungen den Knaben überlegen. Nach wenigen Jahren ändert sich das, spätestens aber im Vorfeld der Pubertät erfolgt ein Leistungsknick, und sie werden von den Jungen überholt. Weshalb? Bis zu diesem Zeitpunkt genügt es den meisten Mädchen, das Gefallenwollen auf die nächsten männlichen Bezugspersonen der Familie zu begrenzen. Mit Einbruch der Sexualität breitet sich das Bedürfnis aus, auch anderen zu gefallen; das Publikum erweitert sich, und die Bedeutung der außerfamiliären Resonanz steigt. Während die Jungs sich rüsten, um auf die Jagd zu gehen, sich die Welt und das, was ihnen gefällt, zu erobern, verbringen die Mädchen ihre Zeit damit, sich herzurichten, um zu gefallen. Die Energien werden allmählich vom Kopf abgezogen. Und das wird sie in ihren schulischen Leistungen empfindlich schwächen. Kannst Du mir mal sagen, wie das wohl ein Mädchen anstellen soll, sich auf Orthographie zu konzentrieren und zugleich ein entspanntes, hübsches Gesichtchen zu machen? Mathematischen Überlegungen zu folgen und gleichzeitig anmutig dazusitzen? Zu Hause die Schulaufgaben prompt zu erledigen und zugleich vor dem Spiegel in den neuen Jeans zu posieren oder unentwegt eine neue Frisur auszuprobieren – und sich bereits ernsthaft mit Diätplänen herumzuschlagen.

Ausgenommen davon sind einige der Erfolgs- und der Trotz-Töchter. In jeder Klasse gibt es ein paar wenige Mädchen, die machen sich überhaupt nichts aus ihrem Aussehen und sind bei den Gefall-Töchtern schon mal abgeschrieben. In der Leistung zeigt sich dann bald ein krasser Unterschied. Während die Leistungs- und Trotz-Töchter weiterhin ihre Intelligenz auf den schulischen Stoff zentrieren und als Streberinnen angefeindet werden, findet bei den Gefall-Töchtern eine Umorientierung ihrer Interessen statt. Dank ihrer Vater-Geschichte fühlen sie sich mit unendlich vielen Mängeln ausgestattet, die sie fortan mit einem großen Zeitaufwand auszubügeln versuchen. Die Energie verpufft für Werbezwecke in eigener Sache. Aber die Gefall-Tochter hat keine andere Wahl! Alle Energien auf den Unterricht zu konzentrieren und auf die lebensnotwendige Beantwortung durch das männliche Geschlecht zu verzichten, würde bedeuten, sich selbst freiwillig begraben zu lassen. Sie wählen das Leben um den Preis eines ungeheuren Energieaufwandes. Das heißt, sie werden nie aus dem vollen schöpfen. Sie sind in ihren Fähigkeiten und Talenten, der Nutzung ihrer Intelligenz schwer beeinträchtigt, mindestens um die Hälfte reduziert – und ihre Leistungen sind tatsächlich schwächer.

Jedenfalls, und das ist erwiesen, gibt es diesen Leistungsknick in reinen Mädchenklassen nicht. Klar, dort steht ihnen ihre gesamte Kraft zum Denken zur freien Verfügung.

Sie lernt also bereits in jungen Jahren, sich nach dem Applaus, den sie einheimst, zu orientieren, und verliert dabei zunehmend den Kontakt zu sich selbst und ihrem Körpergefühl, was zusätzlich ihr ohnehin angeschlagenes Selbstwertgefühl beeinträchtigt und sie noch stärker verunsichert.

Es ist ja wohl klar, daß eine Frau, die sich ständig um ihre Schönheit kümmern muß, einen Energieverlust erleidet. Den äußeren Aufwand zu betreiben, damit die Schönheit sichtbar wird, und zugleich die Energie für die Intelligenz zur Verfügung zu haben, ist unmöglich. Sich ständig aufmöbeln, kokettieren, sich günstig hindrapieren, um sexuellen Appetit anzuregen, und zugleich gescheit debattieren können, ist eine Frage des Energiehaushaltes. Möglichst vorteilhaft zu posieren, gefallen wollen und zugleich überzeugende Thesen entwickeln heißt auf zwei Hochzeiten zugleich tanzen. Und dieses Kunststück vollbringen tatsächlich nur ganz wenige. Wie oft straucheln Frauen in Diskussionen, sind in ihrem Denken gehemmt, blockiert, stolpern rhetorisch, wirken schwerfällig und erfüllen prompt das schreckliche Vorurteil, das vielen wie ein Brandmal auf der Stirne sitzt: schöne Frauen sind dumm.

Es ist interessant festzustellen, daß sich dieses Programm

nur im Beisein von Männern abspielt. Bleiben hingegen Gefall-Töchter unter sich, fällt diese Beeinträchtigung weg. Gefall-Töchter-Frauen können nur dann über ihr Intelligenz-Potential verfügen, wenn sie niemandem gefallen müssen. Unter ihresgleichen kann sie auf den Aufwand, gefallen zu wollen, verzichten. Dann sind diese Frauen plötzlich gescheit, schnell im Denken, spritzig und witzig, und haben all das zur Verfügung, an was es ihnen sonst mangelt. Da sie den Aufwand fürs Herausputzen einsparen können, wird die Energie frei für einen gutfunktionierenden Verstand!

Ach, Fabian, der dicke Holzkoloß brennt zögernd vor sich hin, wie wenn auch er über das Drama der unbeantworteten Töchter nachdenken wollte. Ich klopfe einige Male kräftig mit dem Schürhaken auf das Holz, es wird dadurch sichtlich belebt, Funken sprühen in die Höhe, und das bläuliche Sparflämmlein, das mühselig aus einer Ritze heraus gezüngelt hat, kräftigt sich, bis es sonnengelb flammt und größer wird. Eine Wut beschleicht mich. Fabian, bist ja wahrhaftig ein fauler Sack! Die Tanne mußte deinetwegen abgeschlagen werden, aber dann warst Du zu bequem, um anständige Scheite zu hacken! Wenn ich doch damals nur soviel Rückgrat gehabt hätte, Dir einfach mitzuteilen: «Nein, die Tanne bleibt stehen. Wenn es Dir nicht paßt, kannst Du ja gehen.»

Aber gerade das wagen vergessene Töchter niemals! Wir wollen ja nicht nur mit unserem Äußeren gefallen, sondern auch stets durch unser Verhalten wohlgefällig sein. Wir wollen angenehm sein, damit Ihr uns liebt, wir wollen Euch die Wünsche von den Augen ablesen, alles für Euch tun – und wenn es sein muß, auch Tannen umhauen lassen.

Wir zeigen auch eine eigenartige Bereitschaft, für alles unendlich dankbar zu sein. Ich war Dir damals sehr dankbar, daß Du mir das Holz zersägt und zerhackt hast. Dabei hätte ich heulen mögen, Dir wütend ein Holzscheit nach dem anderen um die Ohren schlagen wollen und schreien: «Was hast Du meiner geliebten Tanne angetan!» Aber nein. Ich war Dir ja so unendlich dankbar, daß Du den Stamm zersägt hast. Du erinnerst Dich, ich habe mich doch tatsächlich bei Dir bedankt! Unser Selbstwertgefühl schrumpft zuweilen auf die Größe eines Luftballons zusammen, aus dem die Luft raus ist. Er füllt sich erst dann wieder, wenn ein männliches Wesen hineinpustet. Das macht uns anfällig für die hinterletzten Idioten. Wenn einer pusten kann – und wer kann das nicht! – dann sind wir im siebenten Himmel, jedenfalls im ersten Moment. Dann spüren wir plötzlich unseren Selbstwert, werden etwas selbstsicherer und selbstbewußter. Und dafür sind wir bereit, überdimensionierte Gegenleistungen zu erbringen. Es gibt für uns dann kaum ein Hindernis, welches wir nicht bereit sind zu überwinden! Ob er säuft, ob er sonst irgendwie quer in der Gesellschaft liegt, hoch verschuldet oder gar bankrott ist, ob er unentwegt Wutanfälle produziert, eisern schweigt oder pausenlos herumnörgelt, mit welchen Mängeln auch immer er behaftet ist: er ist der Prinz. Herzlich willkommen! Dankbar begleiten wir ihn geduldig liebend durch die Entziehungskur, dankbar übernehmen wir seine Schulden samt all den übrigen Problemen und selbstverständlich arbeiten wir nebenher und versorgen sowohl die gemeinsamen als auch die Kinder aus erster Ehe. Und wir sind auch noch darum bemüht, die Alimente für seine Kinder inklusive jenes, welches auf einer Geschäftsreise entstanden ist, pünktlich einzubezahlen. Ihr Männer müßt lediglich regelmäßig mit ein paar zufälligen Rülpsern in unseren Selbstwertballon hineinblasen oder es auch einfach nur in Aussicht stellen, indem ihr uns gelegentlich ganz nett findet und mit unserem unermüdlichen Einsatz und mit unserem lieblichen Verhalten zufrieden seid. Dann tun wir alles, aber auch wirklich alles für Euch. Also, im Ernst, ich hätte damals für Dich die Sterne vom Himmel heruntergeholt, ich hätte das Gotthardmassiv abgetragen und in kleine Jogurtbecher eingefüllt – nichts wäre für mich zu viel, zu groß, zu anstrengend gewesen. Dir hingegen war es bereits zu mühsam, den dicken Holzklotz zu zerhacken.

Vom Leid der Wut- und Meinungslosen

Nun, inzwischen brennt das Feuer ganz ordentlich. Und durch das leise Knistern höre ich, wie mir meine Leidensschwestern zurufen und applaudieren:

«Das hast du gut gemacht! Hast ihm mal so richtig den Rost heruntergeputzt, bravo!»

Die meisten dieser Gefall-Töchter können nicht wütend sein. Das ist ja auch verständlich. Wütende Frauen sind nicht lieblich und gefallen nicht – also lassen sie es lieber bleiben. Diese Frauen schlucken Ärger und Wut herunter, anstatt sie zu äußern. Wenn es dennoch eine wagt, ihre Empörung zu zeigen und sogar zum Angriff übergeht, spaltet sich das Lager. Die einen erleben die Empörung als wohltuend, identifizieren sich mit der Wagemutigen und empfinden eine Genugtuung, als ob sie selbst endlich den Mut gehabt hätten, ihren Kropf zu leeren. Sie fühlen sich durch den Ausbruch einer anderen Frau erleichtert. Die anderen hingegen erstarren beinahe vor Entsetzen, wenden sich jäh von ihrer Mitschwester ab, die sie als unbeschreiblich ordinär und primitiv empfinden. Dahinter steckt die Angst, sich jede Chance bei den Männern endgültig zu verspielen, ihnen niemals wieder zu gefallen. Diese Frauen haben sich bereits derart mit dem frauenfeindlichen Wertesystem der Männer verbündet, daß sie stets darum besorgt sind, ob sich ihre Geschlechtsgenossinnen gegenüber Männern möglichst wohlverhalten.

Auch versteht sich von selbst, daß Gefall-Töchter keine eigene Meinung haben können. Sie orientieren sich nach anderen, übernehmen von jenen die Meinung, denen sie gefallen möchten. Das kann zu einer sehr anstrengenden Sache werden, vor allem dann, wenn wir unterschiedlichen Meinungen zustimmen. Was glaubst Du, weshalb wir uns so schwer tun, uns politisch zu engagieren? Viele Frauen leben mit diesem Gefall-Psychoprogramm. Wie sollen sie es denn anstellen, daß es ihnen plötzlich scheißegal ist, wenn sie anderen nicht gefallen? Das wagen nur einige wenige. Sie aber haben eine andere Vatergeschichte und gehören in die Kategorie der Trotztochter. (Aber darüber berichte ich Dir später!) Die Gefall-Tochter kann es unmöglich wagen, eine eigene Meinung zu vertreten und diese dann auch noch öffentlich kundzutun. Sie kann nicht zu dem stehen, was sie eigentlich meint. Oft kennt sie nicht einmal ihre eigene Meinung, zu stark sind die Strömungen um sie herum, inmitten derer sie sich wohlgefällig zeigen will. Hat sie jedoch eine klare Ansicht über etwas, so teilt sie diese lediglich ihrer besten Freundin mit – und das wäre dann schon alles.

Deshalb ist es noch ein weiter Weg, bis sich neben den Trotz-Töchtern auch die Gefall-Töchter politisch engagieren werden. Alle Parteien klagen darüber, daß sie zu wenig Frauen finden, die sich für ein verantwortungsvolles politisches Amt zur Verfügung stellen. Haben Frauen tatsächlich nichts zu sagen? Oh nein! Sie wagen es nicht! Alles wäre vorhanden, aber ihre Fähigkeiten liegen in der Vater-Tochter-Problematik gefesselt. Oft müssen sie von anderen Frauen buchstäblich dazu überredet werden, intensivste Motivationsarbeit muß geleistet werden, um sie von allen Seiten zu stützen, bis sie es vielleicht zaghaft wagen. Der unermüdliche Kampf feministischer Politikerinnen für die Quotenregelung ist zwar enorm wichtig, führt aber letztlich nur dann zum Ziel, wenn dem Psychogramm der vom Vater vergessenen Töchter Rechnung getragen wird. Die Psyche unterliegt eigenen psychologischen Gesetzmäßigkeiten. Wir können nicht die Gebrauchsanleitung für eine Waschmaschine auf die Psyche der Frau übertragen. Es gibt keine Kniffe, Knöpfchen oder Hebelchen, bei deren Betätigung der Schleudergang einsetzt und alle Unwertsgefühle herausgeschleudert werden, und hinterher die abhandengekommene Selbstsicherheit hervorgezaubert wird. Selbstvertrauen, Selbstbewußtsein kann nur in einer gezielten Auseinandersetzung mit der leidigen Vatergeschichte zurückgewonnen werden. In die eigene Geschichte zurückgehen, sich den vielen Kränkungen und Verletzungen stellen, sie durchleiden, sich durch die Wut und Empörung durcharbeiten, lernen, sich emporzubäumen, seine Kraft spüren, sein eigenes Selbst fühlen und die Geschehnisse somit verarbeiten. Und erst dann wird der Weg frei zu sich selbst, dem Wissen um sich selbst. Und dann entfaltet sich Selbst-bewußt-sein. Gut. Daraus werden neue Probleme entstehen. Unsere patriarchale Gesellschaftsordnung kann nur dann reibungslos funktionieren, wenn es den Frauen an Selbstsicherheit und Selbstbewußtsein mangelt. Wer sich seiner bewußt ist, läßt nicht mehr alles mit sich machen, läßt sich z.B. nicht mehr mühelos in das Gefäß eines neuen Familiennamens umtopfen. Auch wenn wir bereits unseren eigenen Namen behalten dürfen!, als besondere Auszeichnung für wohlgefälliges Verhalten oder als kleines Trostpflästerchen für die unermüdlichen Kämpferinnen; wir werden dennoch mit der Heirat entwurzelt, geschichtslos gemacht, denn wir ordnen uns in die Familie des Partners ein. Falls wir uns scheiden lassen, werden wir eben heimatlos. Zwar tragen wir Frauen kollektiv an den Folgen der jahrhundertelangen Unterdrückung und Entrechtung. Die Geschichte wird uns noch über einige Generationen hinweg als Stigma unter der Haut sitzen. «Durch den mit der Heirat verbundenen Wechsel des Bürgerrechtes und Geschlechtsnamens haben die Frauen hinsichtlich ihrer sozialen Einordnung etwas von Schafen auf der Allmend, denen ein Zugehörigkeitszeichen eingebrannt wird. Wie diese gehören sie diesem oder jenem Herrn und tragen seine Zeichen. Von ihm hängt ab, in welchen Gründen sie weiden. Je nach Handänderung, das heißt Wiederverheiratung, können sie auf eine andere Weide und gehören dort zu einer anderen Herde» (Iris von Roten, Frauen im Laufgitter).

Wenn wir unseren eigenen weiblichen Grund nicht spüren können, wenn wir nicht fühlen, wer wir eigentlich sind, schließen wir uns an einer fremden Identität an, werden lenkbar wie Marionetten und verlieren unsere Selbstbestimmung. Und tief unten brodelt die stumme Wut, die ein Ventil sucht.

Viele Frauen sind daran zugrunde gegangen. Die Wut fand keinen Ausgang und hatte sich gegen sie selbst gerichtet und sie zerstört.

Je älter ich werde, um so weniger bin ich wert

Die Tragödie um Eva wird wieder lebendig. Du erinnerst Dich, wir hielten die erste Nacht Totenwache. Obwohl Du sie kaum kanntest, bist Du mit mir dort geblieben. Ohne Dich hätte ich es kaum geschafft. Es war mir unmöglich, Eva so schrecklich allein in der eiskalten Totenhalle zurückzulassen. Ihr schönes Gesicht, der verzweifelte Mund – so schmerzbeladen hatte ich sie nie zuvor gesehen. Wir waren lange Jahre befreundet gewesen, ich hatte sie stets bewundert in ihrer klaren, sachlichen und unkomplizierten Art. Und plötzlich, mitten im Leben, fünf Tage vor ihrem vierzigsten Geburtstag, nahm sie eine Überdosis Schlaftabletten, legte sich ins Bett und knipste den Schalter aus. Das Schlimmste war damals für mich, daß ich ihren Tod nicht verstehen konnte. Ich sprach mit ihr, sie blieb stumm. Du hattest ihr Blumen ins Haar geflochten. Es war der größte Liebesdienst, den Du mir jemals erwiesen hast. Wie habe ich Dich in dieser Nacht geliebt! Gegen Morgen sind wir gegangen, Monique und Lilli haben uns abgelöst. Ich konnte in den folgenden Nächten keinen Schlaf finden, ihr Tod ließ mich nicht mehr los. Ich weckte Dich, ich kroch zu Dir unter die Decke, wollte immerzu darüber sprechen und nach den Gründen suchen. In einer schlaflosen Nacht hast Du den Vorschlag gemacht, nochmals durch alle Straßen zu gehen, durch die sie oft gegangen war. Überall streuten wir Blumen auf ihre Wege, und ich fühlte mich etwas besser. Letzte Woche hat mich ihre jüngere Schwester angerufen und wollte mit mir sprechen. Wir trafen uns, und sie erzählte mir, daß sie nun allmählich Evas Tod verstehe. Sie hat von ihr ein Tagebuch gefunden, in das Eva gelegentlich Eintragungen gemacht hatte. Nicht überschwengliche, das war nicht ihre Art, sondern kurze Notizen. Etwa ein Jahr vor ihrem Tod schrieb sie: «Ich treibe dem Finale entgegen. Der Applaus verebbt allmählich. Ich kann mir ein Leben als gealterte Frau nicht vorstellen.» Das war alles. Ferner erfuhr ich, daß Evas langjähriger Lebensgefährte eine kurze Affäre mit einem 18jährigen Mädchen gehabt hatte. Sie sei damals außer sich geraten und habe der Rivalin eine so heftige Ohrfeige verpaßt, daß sie ärztliche Hilfe benötigte. Dann hätte sich Eva in ihr Auto gestürzt und sei mit voller Fahrt auf den kleinen Fiat der Nebenbuhlerin aufgefahren, bis beide Autos schrottreif waren. Obwohl Eva ihre Wut spüren konnte und sie auslebte, geriet sie in eine andere tödliche Falle. Von ihrer Schwester erfuhr ich dann noch etwas über ihren Vater, den sie selbst nie erwähnte. Eva hätte ein Junge werden sollen. Die ersten Jahre interessierte er sich kaum für sie. Dann aber rüstete sie auf, was das Zeug herhielt. Sie schmückte sich, sie kokettierte, sie wurde zu einem auffallend schönen Mädchen – das Interesse und die Beantwortung des Vaters blieben jedoch aus. Später erregte sie Aufsehen. Sie hielt sich, tödlich verwundet durch das Unbeantwortetsein, mit stellvertretender Bewunderung anderer Männer über Wasser. Oft genügte ihr das Begehrtwerden von einem einzigen Mann nicht. Sie hatte viele Liebhaber, ob sie jedoch von einem einzigen Mann wirklich geliebt wurde, bezweifle ich. Sie setzte ihre Schönheit auch beruflich ein, wurde ein gefragtes und gut bezahltes Model: ich werde begehrt, also bin ich. Mit dem Älterwerden schrumpfte jedoch die Bewunderung allmählich. Sie bekam immer weniger Aufträge, jüngere Kolleginnen hatten Vorrang. Und als auch noch der Lebenspartner ihr eine Andere vorzog, riß die alte narzißtische Wunde auf. Sie hat den Sprung über die Lebensmitte nicht geschafft, in ihre inneren unantastbaren Werte, in ein Selbstwertgefühl, das sie nicht aus ihrem Aussehen beziehen mußte. Sie hatte es verpaßt, sich rechtzeitig auf jene Innenräume zu besinnen, wo ihre Talente und Fähigkeiten schlummerten und die völlig unabhängig von der Fassade sind. Sie belächelte mich oft: «Ach, Du mit Deinem Psychokram. Ich weiß gar nicht, was ihr Feministinnen eigentlich wollt.»

Wenn wir also älter werden, wenn wir den Umstieg in den Reichtum der inneren Werte nicht geschafft haben, dann heißt der verhängnisvolle Satz: je älter ich werde, desto weniger bin ich. Und wir treiben auf das Kindheitstrauma zu, das wir so gut aus unseren ersten Jahren kennen. Der Kreis schließt sich.

Ich beginne Eva erst jetzt zu verstehen, ihre Abwehr gegen alles, was ihr hätte den Schleier lüften können. Und nun begreife ich auch, weshalb mich das Ganze derart mitgenommen hatte. Es gab ja Tage, Du weißt, da konnte ich an nichts anderes mehr als an sie denken. Ich behauptete, daß sie in ihrem Tod keine Ruhe finden könne und sich deshalb stets in meinen Gedanken aufhalte. Du hast darüber nur gelächelt, als ob Du den wahren Grund gewußt hättest. Heute kenne ich ihn ebenfalls. Eva und ich waren Schicksalsgenossinnen. Unser Leben glich einer gefährlichen Skitour. Mich hat das Schicksal durch vielfältige Krisen begünstigt, indem es mich durch verschiedene Höllen hindurchgejagt hat. Trennung, Vergessenwerden, heimatlos werden, Scheidung, Baustellendasein. Dann kam ich mit 42 in die Wechseljahre, ein Alter, in dem man möglichst nicht an die Vergänglichkeit denkt! Ich mußte mich mit dem Älterwerden auseinandersetzen, ob ich wollte oder nicht. Nach der Scheidung beruflich bei Null beginnen, Töchtern in ihrer Entwicklung beistehen, sie begleiten, ständig schulddurchdrungen, den vaterlosen Mädchen die Defizite ausgleichen. Finanzielle Sorgen. Ich kämpfte an allen Fronten. Nachts rechnen, addieren, überlegen, hadern, zaudern, verzweifeln. Und mitten in tiefster Verzweiflung bin ich mir begegnet. Und das ist schließlich das Beste, was einem zustoßen kann. Meine Kräfte mobilisierten sich, mit Schwung setzte ich meine Reise fort in ein neues Leben, lernte mich am inneren Reichtum zu orientieren. Und hinter mir donnerte die Lawine hernieder und riß Eva in das tödliche Tal.

Es war das diffuse Gefühl, knapp einer Katastrophe entgangen zu sein, während eine Freundin mit dem Leben bezahlen mußte. Bevor ich Dich kennengelernt hatte, saß ich wie in einer Sackgasse. Der Blick meines damaligen Mannes ging haarscharf an mir vorbei, galt einer anderen, und ich verlor den Boden unter den Füßen. Ich fiel in das längst bekannte und gefürchtete Loch des Vergessenwerdens. Selbstverständlich versuchte auch ich, mich mit neuen Diäten, mit neuen Frisuren, mit einem aufwendigen, postmodernen Outfit aus dem dunklen Loch herauszuackern, die verlorengegangene Aufmerksamkeit wieder zurückzugewinnen – ohne Erfolg. Längst hatte ich mich an die regelmäßig auftretenden Unpäßlichkeiten gewöhnt, Migräne, Grippe sowie depressive Verstimmungen an Weihnachten. Obwohl ich schon damals wußte, daß Depressionen und Krankheiten nicht einfach vom Himmel fallen, wäre mir niemals in den Sinn gekommen, diese Erkenntnis auf mein eigenes Leben anzuwenden.

Ja, ja, ich weiß, was Du nun denkst! Theorien über andere erstellen sei eben doch einfacher, als einen Blick in die eigene Waschküche zu werfen. Ja, Du hast recht! Beruhigt? Weiter also. Da ich mir abhanden gekommen war, hatte ich auch keinen Zugang zu meinen wahren Gefühlen. Du stellst Dir das am besten so vor: Du weißt, daß Du noch etwas Eßbares in einer Tiefkühltruhe aufbewahrt hast. Du denkst es in Deinem Hirn, aber fühlen, fühlen kannst Du es nicht. Ich höre Dich spötteln: «Und so etwas will anderen helfen! Das sind die hilflosen Helfer vom Dienst.» Auch hier gebe ich Dir recht. Zufrieden?

Ich habe mit vielen Frauen psychotherapeutisch gearbeitet, die sich in einer ähnlichen Situation befanden wie ich damals. Und alle wollten das Problem in einer ähnlichen Weise lösen: sich weiterhin am Ehemann festklammern, ihn dazu verpflichten, die väterlichen Schulden abzutragen. Wenn Frauen z.B. keinen Beruf haben, ist es besonders schwer loszulassen. Sie fürchten, ins Nichts hinunterzufallen, denn etwas Eigenes fehlt – und wenn es «nur» eine Teilzeitbeschäftigung ist. Für diejenigen, die eine berufliche Tätigkeit haben, ist es etwas einfacher, zunächst eine Identität in ihrem Beruf selbst zu finden, um nicht vor dem absoluten Nichts zu stehen. So war es auch bei mir. Ich weiß nicht, wie ich es angestellt hätte, wenn ich meinen Beruf nicht gehabt hätte! Er gab mir so etwas wie ein Stützkorsett, ohne das ich wahrscheinlich einfach zusammengeklappt wäre.

Mein Beruf war deshalb für mich sehr hilfreich, mich einigermaßen gut zu fühlen; da konnte ich mich vom Ehemann-Vater-System abkoppeln, oder, um es noch exakter auszudrücken, ich wurde abgekoppelt. Freiwillig hätte ich dies wohl kaum getan. Das war das Beste, was mir geschehen konnte! Nachdem ich genug gehadert hatte, wurden allmählich die Energien frei für anderes. Ich begann, meine eigenen Impulse und Fähigkeiten umzusetzen, und zu verwirklichen.

Als ich Dich kennenlernte, gab es mich eigentlich als private Person noch kaum, ich war noch nicht richtig auf der Welt. Ich lebte nur im Beruf. In jener Zeit hatte ich wiederholt von verhungerten und halberfrorenen Säuglingen geträumt. Du hast mir damals viel geschrieben, und mit Deinen Briefen kam etwas völlig Neues in mein Leben: Ein Mensch, der sich für mich interessierte! Das war eine völlig neue Erfahrung für mich. Zudem hast Du mir mit Deinen Worten einfach den Kopf verdreht, – bis irgendwann die ganze Welt um mich herum auf dem Kopf stand. Deine rotzfreche Sprache packte mich und wirkte zugleich geradezu therapeutisch. Deine Worte schlichen sich in meine Seele hinein (wo sie zum Teil noch heute festsitzen). Deine unverfrorene, respektlose Art, Dich über Dinge zu äußern, führten mich genau an die Stelle, wo ich meinen Vater heimlich bewundert hatte. Er war ein brillianter, unverfrorener Rhetoriker, und ich schwang mich als kleines Mädchen auf den Rücken seiner kraftvollen Worte und galoppierte über die Felder, schüttelte die schweizerische, enge Mutterwelt mit ihrer peinlichen und lebensbehindernden Wohlanständigkeit ab – für ein paar lange, heimliche Minuten. In der ersten Zeit unserer Beziehung hatte ich allerdings alles andere im Kopf, als Dich mit meinem Vater zu vergleichen. Ich stopfte mit Deinem wachen Interesse an mir zunächst mein durchlöchertes Selbstbewußtsein, ließ Wind in meinen schlaffen Ballon wehen, damit er sich etwas aufblähte. Ich blühte tatsächlich auf in dieser Zeit. Ich flocht mir rote Rosen in mein rotes Haar und ging in die Migros zum Einkaufen. Das absolut Schönste an allem war, mit Dir zu erleben, daß sich Dein Blick nicht doch noch an mir vorbeischlich. Diese alte Erfahrung, nicht zu genügen, in letzter Konsequenz mit leeren Händen dazustehen, saß mir wie einprogrammierte Daten noch immer in den Knochen. Verstehst Du dieses Gefühl? Du mußt Dich einfach in die Situation eines kleinen Mädchens einfühlen, das es niemals geschafft hatte, den Vater für sich zu interessieren. Da waren stets andere da, die viel wichtiger waren! Und nun plötzlich warst Du da, und Du interessiertest Dich für alles, was ich machte und dachte. Das hat in mir zum Teil das alte Programm umgeschrieben, jedenfalls wirkt es noch immer, denn ich gehe davon aus, daß Du Dich heute noch für alle meine Gedanken interessierst. Ach, es war das Paradies auf Erden! Unsere Vertrautheit öffnete mir die verborgensten Geheimfächer meiner Seele. Ich schrieb Dir in seitenlangen Briefen alles, was sich in mir abspielte. Und ich hatte das wunderbare Gefühl, daß Du alles verstandst, vor allem, daß Du an jedem Wort, das ich Dir schrieb, größtes Interesse hattest. Und alles war bei Dir gut aufgehoben. Du warst der erste Mann in meinem Leben, mit dem ich die Erfahrung machte, daß er sich auch für meine Seele interessierte. Durch Dich hab ich den Schlüssel zu meinen inneren Lichtquellen finden können. Nie zuvor ist mir ein Mensch begegnet, der mich wie Du in meinem ganzen Sein wahrnahm. Ach, Fabian, was ist nur aus all dem geworden? Diese neuen Erfahrungen mit Dir aber brachten mich nun an eine gefährliche Stelle. Die seelische Nähe zu Dir, das Akzeptiertwerden in meinem Wesen ließ die uralte Sehnsucht wieder wach werden, endlich doch noch vom Vater beantwortet zu werden. Weshalb werden Frauen plötzlich von Trauer überfallen, wenn sie sich mit einem Mann verbunden und sich verstanden fühlen? Viele Frauen schenken diesen Gefühlen keinerlei Beachtung und gehen einfach darüber hinweg. Hier wird der alte Mangel schmerzlich belebt. Wir geraten an diesen einen Punkt in unserer Geschichte, wo wir fühlen, daß uns ein wichtiges Stück emotionaler Erfahrung fehlt. Wo haben wir das Verbundensein denn überhaupt lernen können? Wann haben wir den Umgang mit Nähe, mit emotionaler Intimität in der Beziehung zum Repräsentanten der männlichen Welt geübt? Nun, dann wird in diese Lücke die alte Erfahrung springen, das alte Muster wirkt: wir sehen den Partner durch die Brille der Mutter. Die Entwertung schleicht sich wie ein Bazillus ein und befällt systematisch die ganze Beziehung. Das, lieber Fabian, ist für mich die erschütterndste Bilanz! Genau kann ich mich erinnern, wie ich immer wieder in diese abschätzende und entwertende Haltung Dir gegenüber hineingeriet. Nicht laut und offenkundig, nein!, sondern gut getarnt, zwischen den Zeilen, subtil und leise – aber unaufhaltsam.

Ja, und dann hast Du Dir eine Andere gesucht.

Die Entwertung und ihre Schleichwege aufzuspüren ist eine anstrengende Angelegenheit. Dazwischen flammen immer wieder sogenannte objektive Tatbestände auf, die uns daran hindern wollen, richtig hinzuschauen. Plötzlich vernebelt sich der Blick der Selbsterkenntnis, Zweifel tauchen auf, Erinnerungen platzen lautlos wie Seifenblasen. Vaterbilder: morsches Geäst, abgeknickte Baumstämme, verpilzte Wurzeln, zersetztes Gehölz, entlaubte Baumkronen. Auch könnte ich bösartig sagen: Versager, Angeber, Schaumschläger, schlaffer Sack, Waschlappen – in allem das Gegenteil dessen, was ich als männliche Stärke und Durchsetzungswillen, als Potenz begreife. Und hier beginnt meine Geschichte zu hinken. Wahrscheinlich ist dies das schwere Los, die einzelnen Szenen einer Lebensgeschichte psychologisch aneinanderzureihen, daß sie wie Perlen auf einer Schnur liegen, schön eine nach der anderen. Und alles zusammen ergibt die Kette der eigenen Geschichte. Plötzlich taucht aber eine Perle auf, die kein Loch in der Mitte hat, damit sie aufgefädelt werden kann. Dann liegt sie daneben, gehört nicht dazu und gehört doch dazu: Mein Vater war kein schwacher Mann! In seiner ersten Ehe gelang ihm das meiste, und er war ein begeisterter, engagierter Vater. Erst später, als er bereits alt war, verlor er seine kraftvolle Energie. Und auch das stimmt nicht ganz. Er war bis ins hohe Alter ein begehrter Gesprächspartner, schlagfertig und spritzig – für andere. Er war sehr humorvoll und witzig – mit anderen. Mit anderen ist er lustig, an anderen hat er Interesse, an anderen freut er sich. Vergessene Töchter schauen dem Leben wie einem Fernsehstück zu, beobachten wie andere das tun, was sie ebenfalls machen möchten, wie andere das vom Vater bekommen, was sie gerne erhalten würden. Ich habe Dir erst kürzlich erzählt, daß ich noch heute diesen Zuschauerblick habe. Wenn ich zum Beispiel schöne Kunstgegenstände sehe, die mir so sehr gefallen, daß ich sie am liebsten jeden Tag betrachten möchte, komme ich überhaupt nicht auf die Idee, mir so etwas zu kaufen. Nicht nach den Sternen greifen wollen, nicht teilhaben, nur zuschauen. Ich habe ja ziemlich lange gebraucht, bis ich endlich in der Lage war, mir anstelle von zehn billigen Fähnchen ein einziges gutes Kleidungsstück zu kaufen. Das Begehrte, das Gute ist nicht für mich. Die Guten ins Töpfchen, die Schlechten ins Kröpfchen, sagt sich die vergessene Tochter. Wie viele vergessene Töchter rennen in ihrem wohlfeilen Putz herum! Sie sehen wie kleine Mädchen aus, die auf dem Speicher vergammelte Faschingskostüme ausgegraben haben, samt dem indischen Blechplunder. Wir gleichen alle dem «Mädchen mit den Schwefelhölzern». Wir drücken die Nase an der Fensterscheibe platt, schauen zu, wie sich andere am reichgedeckten Tisch bedienen, während wir draußen in der Kälte stehen und an diesem Leben nicht teilhaben können. Wir gehören einfach nicht dazu! Es gelten andere Gesetze für uns. Selbst wenn irgendwann eine Haustüre für uns offensteht, gehen wir daran vorbei und steuern zielsicher dorthin, wo sie verschlossen ist. Oder wir wählen eine halb zerfallene Hütte, sind dann unendlich dankbar, doch noch ein Dach über dem Kopf zu finden, denn irgendwie tief drinnen steckt das verdammte Gefühl, daß wir selbst das eigentlich nicht verdienen. Unser Selbstwertgefühl ist derart mies, daß wir mit jeder Hundehütte vorlieb nehmen. Schau Dir doch die vielen guten Frauen an, die sich in Verhältnissen eingerichtet haben, die weit unter ihrer Würde sind. Ich habe gerade in der letzten Zeit hochinteressante Frauen kennengelernt. Entweder waren sie allein oder hatten einen Mann an ihrer Seite, der ihnen nicht das Wasser reichen konnte, er humpelte etwas schwerfällig hinter ihnen her. – Und schon bin ich wieder bei der Entwertung der Männer gelandet. Du siehst, auch wenn ich mir dessen bewußt bin, sind es laufend Fallstricke, in die ich erneut hineingerate.

Endlich hat es das Feuer geschafft, hat sich mitten durch den dicken Holzblock gefressen und ihn beinahe entzwei. Ich schlage mit einem Haken mehrmals auf das dürftige Verbindungsstück ein. Es hält doch noch besser zusammen, als es aussieht. Noch ein paar Schläge, Funken sprühen in die Höhe, und dann habe ich es geschafft. Die beiden Teile kullern auseinander. Dort, wo sie zusammengewachsen waren, glüht es dunkelrot. Kaum aber sind sie getrennt, verglimmt die Glut. Erst jetzt bemerke ich meine Müdigkeit. Die Bilder verblassen mit dem allmählichen Ausglimmen des Feuers. Ich schaue auf die Uhr – ich hatte die Zeit völlig vergessen; es wird bald Morgen. Die Katze miaut auf dem Fensterbrett und möchte gefüttert werden.

In meinem Kopf herrscht ein großes Durcheinander. Die vielen Frauen, die gefallen und begehrt sein wollen; meine Geschichte dazwischen. Und Du. Irgendwo. Wo magst Du sein? Ob Du glücklich bist?

Schlaf gut, Lieber, und hab Dank für alles.

Morgen erzähle ich Dir weiter.

8. Brief

Hallo, Fabian,
bereits um sieben Uhr morgens bin ich hellwach. Nebel liegt über dem ganzen See. Es treibt mich hinaus und hinab zum Ufer. Ich gehe schnell und atme diesen Morgen in großen Zügen in meine Lungenspitzen hinunter. Ach, es gibt nichts Schöneres als diese Momente am See! Ich wähle nicht den Weg, den ich mit Dir jeweils gegangen bin. Ich fühle mich noch immer angeschlagen, und die alten Wunden könnten bei der leisesten Erinnerung wieder aufklaffen. Ich wandere auf meinem alten Weg, der mich durch die ganze Kindheit begleitet hat. Die hohen Bäume grenzen ihn zum Ufer ab, ich kenne sie wie alte Freunde. Letztes Jahr wurden drei von ihnen gefällt.

Auf diesem Weg habe ich das Alleinsein gelernt. Schon in jungen Jahren begriff ich, daß wir in den wichtigsten Momenten unseres Lebens allein sind. Und das ist gut so. Niemand, der mir in die stillen Stunden hineinquasselt, mich beschwichtigt oder mich mit blödsinnigen Trostfloskeln vom Eigentlichen ablenkt.

Ein Mann mit zwei großen, dickfelligen Hunden kommt mir entgegen. Wir grüßen uns nicht. Jeder respektiert den Alleingang des anderen.

Noch ist mein ganzer Innenraum wundgescheuert, und auch die Augen brennen etwas. Aber der Nebelmorgen liegt friedlich über dem Wasser, als ob es in diesem Moment nichts anderes auf dieser Erde gäbe. Alles nimmt seinen Lauf, und kühle Luft strömt morgendlich frisch in mein Gemüt.

Zuversichtlich und beinahe beschwingt mache ich mich auf den Heimweg.

Unterwegs kaufe ich mir frische Brötchen für das Frühstück. So ganz für mich allein Brötchen kaufen! Ja, da staunst Du – und ich nicht weniger. Eh frau sich versieht, ist sie bereits bei den frustrierten Selbstverwöhnerinnen gelandet. So schnell geht das alles.

Zu Hause zieht es mich magnetisch zur Kaminecke, so, als ob die vielen Frauen von gestern Nacht auf mich warten würden. Eilig putze ich die Asche weg, um wieder Feuer zu machen. Heute kann ich sie bereits problemlos im Garten verteilen, ja, ich lerne wohl auch in praktischen Dingen schneller, als ich dachte.

Ich richte mich wieder vor dem Kamin ein. Da ich nicht mehr genügend Feinholz zum Anbrennen habe, hole ich ein paar leere Klorollen aus dem Toiletteneimer. Unglücklicherweise begegne ich dort noch einer leeren Flasche Aftershave von Dir, ich rieche daran, und schon bist Du wieder anwesend. Der alte Trennungsschmerz wallt nochmals auf. Ein kurzer Regenschauer, mehr nicht, der sich so rasch, wie er gekommen ist, wieder verzieht.

Das Feuer entzündet sich heute erstaunlich schnell. Damit es nicht gleich wieder ausgeht, werfe ich noch einige alte Kochlöffel hinein. Du wolltest mich stets dazu veranlassen, mich von meinen ehelichen Rührkellen zu verabschieden. Schließlich hätte ich mit diesen Dingern im ehelichen Eintopf herumgerührt. Es sei ein ständiges Ärgernis für Dich, ja, eine kränkende Erinnerung an die Zeit, die ich mit einem anderen Mann verbracht hatte. Ich fand Deine Wünsche überspitzt und war diesbezüglich zu keiner Änderung zu bewegen. Und jetzt verfeuere ich sie allesamt. Sie brennen lichterloh, Du hättest Deine wahre Freude daran. Dann lege ich mein geliebtes Tannenholz nach. Die Flammen sprühen und springen fröhlich auf. Schnell stelle ich das schmiedeeiserne Gitter schützend vor den Teppich, d. h. vor die kleine Teppichbrücke, die das tellergroße Brandloch versteckt. Du erinnerst Dich? Ich hätte Dich für diese Untat erwürgen können, Du warst damals einfach zu faul, auf das Feuer aufzupassen. Daraufhin kaufte ich das Gitter. Dein Kommentar: eines aus Messing hätte Dir besser gefallen.

Der Rauch zieht durch den Kamin, es knistert und duftet wunderbar. Kaum züngeln die Flammen gelblich durch das Holz, schon entsteigen die Bilder mit all den Frauen. Erneut bilden sich Gruppen, einige sondern sich wieder ab. Schließlich setzen sie sich auf die Kaminballustrade. Sie rufen durcheinander:

«Diese Vater-Tochter-Theorien haben mir absolut nichts gebracht», meint die eine.

«Man kann auch Probleme züchten!, wo eigentlich keine sind», ruft eine andere.

Und eine dritte findet das ganze Gerede über die Väter einfach lächerlich.

«Weshalb seit Ihr denn überhaupt gekommen?» fragt eine typische Gefall-Tochter mit baumelndem Ohrgeschmeide.

«Man muß sich ja schließlich orientieren, was heute in solchen Frauengruppen getratscht wird», wirft eine dezent Gepflegte ein.

«Ich bin nicht aus persönlichen Gründen hier, sondern aus beruflichen – ich bin Journalistin», gibt die zweite preis.

«Und ich bin hier, um die Väter zu verteidigen. Mein Vater war ein toller Mann. Ich habe von ihm viel gelernt und er hat mich vom ersten Tag an gefördert, wo immer er nur konnte!»

«In welcher Weise denn?» fragt etwas zögernd eine besonders sorgfältig Herausgeputzte.

«Also, gegen meinen Vater kann ich nichts Negatives sagen! Er hat mir schon früh das Lesen beigebracht, längst vor Schuleintritt. Mit fünf konnte ich die Zeitung rückwärts lesen, während ich auf seinen Knien saß. Mit acht Jahren habe ich fehlerfreie Briefe aus dem Internat geschrieben. Er war mächtig stolz auf mich!» argumentiert es aus einem dunkelgrün-zitronengelb karrierten Schottenrock, assortiert mit passender Bluse, passendem Foulard, selbstverständlich auch Schuhe und Tasche stilgerecht.

Dies sind die typischen Äußerungen tüchtiger und erfolgreicher Leistungs-Töchter.

Die Leistungs-Tochter: Ich leiste, also bin ich – Von der Tragödie der Fleißigen, Tüchtigen und Erfolgreichen

Das Grundmuster dieser Töchter im väterlichen Dialog lautet: Sei tüchtig und werde erfolgreich, dann wirst du beachtet und geliebt. Diese Mädchen werden in jenen Bereichen Leistungen erbringen, die speziell vom Vater geschätzt sind, ungeachtet ihrer Neigungen und besonderen Fähigkeiten. Wenn es denn sein muß, wird sich ein künstlerisch begabtes Kind die Zähne im Umgang mit Zahlen ausbeißen, wird üben und üben und wird dem Vater stolz präsentieren, was es kann.

Die Frauen auf der Kaminballustrade werden unruhig und rufen verärgert dazwischen: «Ich hab doch keine Probleme mit dem Vater, sondern mit der Mutter!»

Viele leistungsstarke Frauen, die erfolgreich geworden sind, erzählen, daß sie vor allem große Probleme mit der Mutter hatten. Die Rolle der Mutter bekam vom Vater wenig oder überhaupt keinen Applaus und schien ihnen in keiner Weise erstrebenswert. Entweder hatte sie als Gefall-Tochter-Frau in der Ehe überhaupt nichts zu husten, lieferte lediglich ein paar «unbedeutende» Gefühlsbeiträge, oder sie war sich bereits derart abhanden gekommen, daß sie keinen Zugang zu ihren eigenen Gefühlen mehr hatte. Sie war also frostig, unnahbar und distanziert. Ob gefühlsüberbetont oder unterkühlt, so zu werden wir ihre Mütter war für diese Töchter nie ein erstrebenswertes Ziel. Sie erfaßten sehr genau, daß sie mit dem Verhalten der Mutter auf der väterlichen Bühne keinen Applaus erhalten werden. Diese Töchter eiferten also nicht einem Vorbild nach, das weder positive Resonanz noch Wertschätzung erhält. Sie hüteten sich davor, die Mutter nachahmen zu wollen, zu wenig Prestige war damit verbunden. Sie identifizierten sich also nicht mit der weiblichen Rolle, sondern mit der väterlichen. Daß die Mutter als Negativ-Vorbild dennoch wirkte, zeigt sich daran, wie diese Töchter in allem das pure Gegenteil dessen anstreben, was sie in ihren Müttern verkörpert finden. Sie tragen in sich eine klare Werteskala, wie Frauen nicht sein sollten, und dort sitzt die Mutter auf dem ersten Platz. Gegen dieses Bild kämpfen sie unermüdlich an. Durch den pausenlosen Kampf jedoch halten sie sich stets auf dem Kriegsschauplatz auf und sind gerade deshalb ungewollt aufs innigste mit ihr verflochten. Es ist also lediglich die Kehrseite ein und derselben Medaille. Der Vorteil dieser Konstellation liegt allerdings darin, daß diese Töchter die Spielregeln im männlichen Wettkampf um Erfolg bereits als Kind sehr gut gelernt haben. Diese Mädchen setzen ihre Energie gezielt dort ein, wo es für sie auch tatsächlich etwas zu gewinnen gibt – durch Leistung. Selbst wenn sie die väterliche Anerkennung und Aufmerksamkeit nicht erhalten, werden sie weiterhin alles daran setzen, um am Ball zu bleiben. Sie pauken, akkern, schuften unermüdlich für ein einziges Ziel: Von Vaters freudigem, stolzdurchtränktem Blick endlich gestreichelt zu werden.

Hier geht es also nicht darum, ihm irgendwelche Liebesdienste zugunsten seiner Bequemlichkeit zu erbringen oder sein Auge durch den Anblick eines hübschen Äußeren zu erfreuen, sondern sein Interesse durch Leistung zu wecken. Sei dies nun durch eine besondere häusliche Geschicklichkeit, durch organisatorische Tüchtigkeit, durch sportliche Fähigkeiten oder intellektuelle Potenz – diese Töchter sind flexibel und richten sich blitzschnell nach den väterlichen Präferenzen. Sie verfügen über einen scharfen, gut ausgebildeten Spürsinn für seine ausgesprochenen Vorlieben. Hat der Vater z. B. mit der Muse nichts am Hut, so wird sich ein musisch begabtes Mädchen ebenfalls danach richten. Es kann durchaus sein, daß es zunächst von der Mutter diesbezüglich noch gefördert wird, die als eine typische Gefall-Tochter-Frau ein Auge auf die tänzerischen Neigungen des kleinen Mädchens geworfen hat. Es ist auch möglich, daß es zunächst freudig allwöchentlich Ballettstunden besucht. Doch bald wird es begreifen, daß es sich damit auf das mütterliche Abstellgleis der Belanglosigkeit manövriert, dorthin, wo kein Leben stattfindet – jedenfalls nicht das des Vaters. Seine Wertvorstellungen von bedeutenden und interessanten Dingen im Leben sehen selbstverständlich ganz anders aus. Ist er Arbeiter, Handwerker oder selbständiger Gewerbeunternehmer, sind vor allem jene Bereiche von Wert, die man zählen, wiegen und anfassen kann, die also materiell vorhanden sind. Die kleine Tochter wird sich das merken. Führt der Vater ein Leben als Kaufmann, Gemeinde-, Kantons- oder Verwaltungsangestellter, hält er sich selbst in den meisten Fällen für bildungsbenachteiligt und strebt insgeheim nach Höherem, die kleine Tochter wird sich das merken.

Akademische Väter wiederum können sich ein einigermaßen menschenwürdiges Leben ohne Hochschulabschluß überhaupt nicht vorstellen. Auch das wird sich die kleine Tochter hinter die Ohren schreiben. Daß sich ein Mädchen zur Leistungs-Tochter entwickelt, setzt aber eines voraus: diese Väter zeigen wenigstens ein gewisses Interesse, sei es für das kleine Mädchen selbst oder für eine besondere Sache, die das Mädchen beobachten und verfolgen kann. Ist das väterliche Interesse gar gekoppelt mit etwas Förderungsbereitschaft, dann wird die Tochter nichts unversucht lassen, ihrem Daddy diesbezüglich Freude zu bereiten. Sie wird eine fleißige Schülerin. Wenn es nötig sein sollte, wird sie verbissen für Prüfungen pauken. Fehlt jedoch selbst ein Minimum an Aufmerksamkeit und sendet der Vater keinerlei Impulse, was ihn ansonsten interessieren könnte, dann wird das kleine Mädchen nichts unversucht lassen, mittels seiner eigenen Phantasie auszumalen, womit es ihn denn besonders erfreuen würde. Die achtjährige Daniela hörte von ihrer Schulfreundin, daß diese Schauspielerin werden möchte, denn dann bekäme man immer Freikarten geschenkt. Dies schien nun Danielas Rettung zu sein. Sie vermutete, daß ihr Vater gerne ins Theater ging. Also wollte sie ebenfalls Schauspielerin werden und stellte sich immer wieder das freudig strahlende Gesicht des Vaters vor, wenn sie ihm die Freikarten überreichen könnte.

Wie die Gefall-Tochter hat auch die Leistungs-Tochter keine Zeit, sich um sich selbst zu kümmern, um herauszufinden, welche Fähigkeiten und Begabungen in ihr schlummern. Sie kann auch deshalb nicht spüren, was ihr selbst eigentlich Freude machen würde, da sie ausschließlich damit beschäftigt ist, fremden Wünschen nachzuspüren. Während die Gefall-Tochter ihre gesamte Energie dafür einsetzt, durch ihr Äußeres und durch ihr Verhalten zu gefallen, setzt die Leistungs-Tochter alles daran, durch Anstrengung und besonders gute Leistungen Anerkennung zu finden. Beide kämpfen mit unterschiedlichen Mitteln für das Gleiche: sie wollen vom Vater geliebt werden. Wenn es bei der einen heißt «Ich gefalle, also bin ich», heißt es bei der anderen: «Ich bin tüchtig, fleißig und erfolgreich, also bin ich.» Und mit diesem Kernsatz entfernt sie sich ebenfalls in fataler Weise von sich selbst. Sie muß immer noch tüchtiger, noch erfolgreicher werden. Sie kämpft verzweifelt, kommt aber nie an ein Ziel. Schließlich ist es nicht das Grundbedürfnis, der erbrachten Leistungen wegen geliebt zu werden, sondern um unserer selbst willen – so wie wir nun mal sind. Darauf aber kann eine Erfolgs-Tochter ein Leben lang warten. Sie kämpft sich durch die Schulen, kämpft sich durch eine wahrscheinlich nicht ihren Neigungen entsprechende Berufsausbildung oder ein Studium, wird tüchtig, erfolgreich, verdient gut, hat Resonanz ... Nur der Vater nimmt es nicht zur Kenntnis. Entweder äußert er sich überhaupt nicht, oder er kommentiert den erfolgreichen Werdegang mit «ja, aber ..., wenn du noch mehr ...».

Die Mutter indessen ist mächtig stolz auf ihre Tochter, die all das kann, wovon sie nicht einmal auch nur zu träumen wagte. Diese Mütter fühlen sich zwar durch ihre Töchter rehabilitiert, aber dieser Stolz bringt weder der Mutter noch der Tochter etwas. Die Mutter, auf der untersten Anerkennungsstufe, kann die Tochter begeistert bewundern, für diese ist das so gut wie nichts. Vielleicht empfindet der Vater insgeheim einen gewissen Stolz auf seine leistungsstarke und erfolgreiche Tochter, aber er würde niemals darüber ein anerkennendes Wort verlieren. Die Leistungs-Tochter nährt sich vom Wunschtraum, Vaters Beifall irgendwann einmal zu erhalten. Das ist oft alles, was die Tochter als Anerkennung für die ganze Schufterei erhält – etwas wenig; vor allem fühlt es sich leer an. Und genau hier liegt ein weiteres großes Problem für die Leistungs-Tochter.

Die geopferte Gefühlswelt

Fühlen, Gefühle haben, das hat die Leistungs- und Erfolgs-Tochter schließlich genau dem Vater abgeschaut, ist eine leistungshindernde Angelegenheit. Wer Erfolg haben will, darf sich nicht durch Gefühle leiten oder gar beeinflussen lassen. Denn diese würden sich wie Schlingpflanzen um den Verstand herumwinden und ihn in den mütterlich dunklen Schlund hinunterziehen. Wer in der Leistungsgesellschaft erfolgreich mitschwimmen will, muß sich von hinderlichem Gefühlsbeiwerk tunlichst freihalten. Sie weiß genau, worauf es ankommt; sportliche Leistungen werden nicht durch die Mitbestimmung der Gefühlswelt erbracht, sondern ausschließlich durch Disziplin und Durchhaltekraft – Befindlichkeit hin oder her. Ebenso läßt sich eine geschäftstüchtige Erfolgs-Tochter in ihrer Zielstrebigkeit nicht irritieren. Die Intellektuelle richtet ihre gesamte zur Verfügung stehende Energie in die Kopfregion, die entsprechend gut durchblutet ist. Das Hirn funktioniert einwandfrei und ist bestens trainiert.

Längst hat sie sich mit dem väterlichen Komplott arrangiert und identifiziert sich verhängnisvoll mit seinen Wertvorstellungen. Alle diese Töchter halten Emotionen und Gefühle für störend und hinderlich. Die einen richten sich auf körperliche Ertüchtigung aus, die andern auf unbeugsamen Arbeitsfleiß, und die dritten richten sich in der Ratio, im Verstand ein. Alles, was berechenbar und machbar ist, gibt ihnen Sicherheit. Es ist das einzige, was für sie absolut zuverlässig ist. Ihr Verhalten und ihre Entscheidungen werden ganz aus dem Sitz der Vernunft geboren. Ratio als Kommandozentrale für sämtliche menschlichen Belange. Sollte dennoch einmal etwas daneben gegangen sein, hat man die Vernunft nicht genügend eingesetzt. Der Kopf symbolisiert die brauchbare, gute, durchschaubare, berechenbare Welt. Alles, was mit Gefühl zu tun hat, ist unberechenbar und deshalb nicht gut.

Da sich diese Töchter mit dem Vater identifizieren, beurteilen sie die Mutter aus der Sicht des Vaters. Es ist ja immer wieder interessant zu beobachten, wie vor allem patriarchal strukturierte Männer, gefühlsmäßig Behinderte also, ohne ihre Frau nicht existieren könnten; zugleich aber bringen sie ihr keinerlei Wertschätzung entgegen und entwerten sie in ihrer Weiblichkeit. Die Töchter werden es ihnen gleichtun und geraten dadurch in einen kaum lösbaren Konflikt.

Sie beherrschen den Erfolgscode perfekt: sich nur nicht von lästigen Gefühlen beeinträchtigen oder gar steuern lassen! Diese Töchter haben von ihren Vätern das Erfolgsrezept übernommen, wie man unter Ausschluß der Gefühlswelt eine Karriere aufbaut und erfolgreich wird.

Sie tun alles, um das Bild des Vaters heilig zu halten, sie verteidigen ihn und würden niemals zulassen, daß irgend jemand kritisch an seinem Bild herumkratzt. Auch halten sie sich oft für die Lieblingstochter des Vaters – irrtümlicherweise. Sie halten Förderung für Liebesbeweis, Drill für Beachtetwerden und Anerkennung. Interesselosigkeit indessen verdrängen sie erfolgreich. Das starre Festhalten dieser Töchter an einer solchen Vorstellung zeigt auf, wie groß die Katastrophe wäre, wenn sie die Wahrheit erkennen würden. Wenn sie plötzlich begreifen würden, daß sie ihre weibliche Gefühlswelt auf dem väterlichen Altar geopfert haben. Auch wenn sie dafür vielleicht erfolgreich geworden sind, es steht in keinem Verhältnis zu dem, was sie verloren haben: ihr wahres, eigentliches Selbst.

Auch für Lilian war es ein böses Erwachen. Sie hielt sich ebenfalls bis zum Tode ihres Vaters für seine besonders geliebte Tochter – wohl verstanden, seine heimliche. Ich konnte sie gut verstehen, schließlich hatte der alte Herr auch in meiner Vaterlosigkeit Sehnsüchte heraufbeschworen. Er erlitt einen Schlaganfall und starb binnen drei Tagen. Lilian war gerade nach Canada verreist, um einen alten Studienkollegen zu besuchen. Als sie nach Erhalt der Nachricht sofort zurückkehrte, war er bereits begraben. Bei der Testamentseröffnung dämmerte es ihr zum ersten Mal, daß sie sich wohl beinahe vierzig Jahre lang bezüglich Vaters Liebe zu ihr etwas vorgemacht hat-

te. Der Vater hatte über die Kosten ihres Studiums, die er
für sie aufbrachte, genau Buch geführt. Obwohl ihr Bruder ebenfalls studiert hatte, und zwar um einiges länger
als sie, fand sich kein Eintrag über seine Ausbildungsko-
sten. Die Auslagen, die der Vater für sie aufgebracht hatte, zog er von ihrem Erbe ab und setzte sie auf den
Pflichtteil. Sie focht das Testament nicht an. Die Wunde
saß zu tief. Allmählich begann sie zu begreifen, daß sie all
die Jahre vor verschlossener Türe gewartet hatte und daß
vieles, was sie getan hatte, seinetwillen geschah. Ihr Opfer
war völlig umsonst. Als sie begann, dies alles zu begreifen, konnte sie ihren Beruf nicht mehr länger ausüben.
Der aufgebrochene Schmerz setzte sie schachmatt. Vorübergehend. Dann holte sie sich Hilfe und machte eine
Psychotherapie. Es war ein bitteres Erwachen. Aber es
brachte auch die Wahrheit ans Licht.

Sie wurde als erstes von zwei Kindern geboren. Der
Vater hatte sich einen Sohn gewünscht. Die Mutter hingegen war über die Geburt der Tochter sehr glücklich. Sie
blieb die ersten Jahre ihre einzige Bezugsperson. Nach
drei Jahren kam ihr Bruder zur Welt. Obwohl der Vater
sich darüber sehr freute, konnte er mit einem Säugling
wenig anfangen. Lilian war zu dieser Zeit bereits mit ihrer
Werbung um die Aufmerksamkeit des Vaters beschäftigt.
Die Eltern hatten sich ihre Welten nach dem klassischen
Modell aufgeteilt. Der Vater als Inhaber der Ratio, der
Intelligenz und der Geschäftsführung war zuständig für
alles, was sich außerhalb von Haus, Hof und Kindererzie-
hung abspielte. Die Mutter hingegen kümmerte sich um
die Erziehung und um den gesamten Gefühlshaushalt.
Kam Besuch, gab es eine Frauenecke; da unterhielt frau
sich über Mode und Kinder und Kochen. In der Männer-
runde hingegen fanden interessante Diskussionen über
Gott und die Welt statt. Lilian setzte sich auf den Boden

und hörte zu. Sie beobachtete den Vater, wie er spritzig, hellwach mit größter Aufmerksamkeit und Engagement an den Gesprächen teilnahm. Sobald sich die Besucher jedoch verabschiedet hatten, wich dieser wache Ausdruck in seinen Augen. Er legte altväterlich den Arm um die Schulter seiner Frau und fragte: «Na, hast Du es nett gehabt?» Dabei tätschelte er tröstlich ihre Achsel oder ihre Wangen. Es war eigentlich keine Frage. Die Mutter hatte nie an den Gesprächen teilgenommen, die der Vater mit seinen Freunden und Kollegen führte. Sie hatte drei Sätze auf Lager:

«Hatten Sie eine gute Reise?»

«Darf ich Ihnen etwas zum Trinken bringen?»

«Haben Sie Kinder, und wie alt sind diese?»

Die Mutter wirkte etwas schlicht im Gemüt. Sie litt oft unter länger andauernden Depressionen. Dann wurde sie zur Kur geschickt.

Lilian verabscheute das Leben ihrer Mutter, und ihr war eines klar: so will ich niemals werden. Obwohl die Mutter keinen unzufriedenen Eindruck machte – abgesehen von den depressiven Phasen –, schien ihr dieser Lebensplan für sie untauglich. Sie wurde eine hervorragende Schülerin. Brachte stolz beste Noten nach Hause, und sie war davon überzeugt, daß sich der Vater darüber freuen würde. Der Bruder kam früh wegen schulischer Schwierigkeiten ins Internat.

Der Vater hatte einen Freund, der Jurist war. Wenn er mit ihm telefonierte oder diskutierte, konnte Lilian besonderes Interesse beim Vater ausmachen. Sie hatte sich nie überlegt, was sie studieren wollte, es war von Anfang an klar, daß es Jura sein würde. Daß der Vater es nicht mit besonderer Freude zur Kenntnis nahm, überging sie. Sie fühlte sich auf eine geheimnisvolle Art mit ihm verbunden, da brauchte es nicht noch besonders viele Worte. Sie spezialisierte sich als Wirtschaftsjuristin und wurde sehr erfolgreich.

Vaters Applaus blieb aus. Aber sie war zu diszipliniert, hatte sich bereits zu weit von ihren Gefühlen entfernt, als daß sie ihre abgrundtiefe Enttäuschung hätte wahrnehmen können. Im Gegenteil, sie baute in ihrer Vorstellungswelt eine übergroße Vaterstatue auf. Mit seinem Tod stürzte auch die Statue vom Sockel herunter. Und das war ein großes Glück für sie. Lilians Mutter blühte nach dem Tod ihres Mannes förmlich auf. Sie unternahm große Reisen und begann, eifrig Sprachen zu lernen. Selbstverständlich hatte sie keine Depressionen mehr. Lilian benötigte mehrere Jahre, um alle Scherben einzusammeln und zu entfernen. Und als sie alles weggeräumt hatte, fand sie endlich Zeit, sich um sich selbst zu kümmern und eine Ahnung davon zu bekommen, wer sie eigentlich wirklich war und was sie wollte.

Die leere Welt der Karrierefrauen

In der Gruppe der Erfolgs-Damen, die sich auf der Kaminballustrade eingerichtet haben, entsteht hektische Unruhe, während die große Gruppe der Gefall-Töchter mit höchstem Interesse zuhört.

Einige Leistungs-Töchter sind nachdenklich geworden, andere sind mit meinen Ausführungen überhaupt nicht einverstanden und protestieren lautstark.

Das seien doch alles Psychomärchen, so einfach könne man es sich doch wirklich nicht machen!

Ich gebe ihnen recht. Nein. So einfach darf man es sich nicht machen. Die Welt ist schließlich um einiges komplizierter! Das wäre ja noch schöner, wenn man sich einfach in einen Stuhl vor irgendeinen Kamin setzen könnte, in die Flammen hineindösen und die Gedanken, die einem da zufällig aufsteigen, auch noch für relevant hält.

Diese Argumentationen sind typisch für Leistungs-Töchter. Alles, was nicht entweder durch harte Knochenarbeit mit unerbittlicher Disziplin erarbeitet oder wissenschaftlich, wenn möglich statistisch, erhärtet wird, je nach dem väterlichen Erbe, ist ihnen grundsätzlich suspekt.

Auch halten diese tüchtigen Erfolgs-Töchter-Frauen in der Regel nicht viel oder überhaupt nichts von Emanzipation und feministischen Forderungen. Streben nach Gleichberechtigung, nach Selbstbestimmung, Kampf gegen die Vormachtstellung des Männlichen über das Weibliche ist für sie nicht nachvollziehbar. Sie holen sich direkt oder via Identifikation mit dem Vater ihren Teil an Macht und Recht – und genießen es. Sich mit der weiblichen Seite identifizieren hieße, sich freiwillig mit den Verliererinnen zu verbünden und wie die Mutter zu werden – und gerade das kommt für sie überhaupt nicht in Frage. Sollte es tatsächlich etwas wie ein Ungleichgewicht geben, so meinen sie, sind diese Frauen selber Schuld. Denn hätten sie es ebenso gemacht wie sie, dann erginge es ihnen heute besser. Sie grenzen sich also entschieden gegen ihre Schwestern ab, von denen die meisten aus dem Gefallenmüssen-Lager stammen, so wie sie sich auch gegen die Mutterwelt abschirmen. Ihre Beharrlichkeit, zielstrebig Leistungen zu erbringen, läßt für die Schwachen und Schwächen grundsätzlich keinen Raum. Frauen, die durch soziale Abhängigkeit geschwächt sind, mögen sie nicht. Auch wenn sie es nicht offen aussprechen, denken sie, daß diese mit etwas mehr Fleiß und klarem Verstand nicht in eine solche mißliche Situation hineingeraten wären. Sie haben längst gelernt, andere Frauen mit den Augen ihres Vaters zu betrachten, und haben sich das väterliche Wertesystem zu eigen gemacht. Diese Übereinstimmung macht sie zur Frauenfeindin Nr. 1. Auch wenn es keine Väter mehr gäbe, würden sie das Regime in deren

Sinne perfekt weiterführen und dafür garantieren, daß nichts von diesem gefühlsdurchsetzten Chaos die herrlich ordnenden patriarchalen Strukturen unterwandern könnte.

Setzt sich eine solche Karrierefrau z.B. in Wirtschaft oder Politik für die Sache der Frau ein, so tut sie es, wie Männer es auch praktizieren: selbstverständlich sind sie für eine gewisse Gleichberechtigung und Gleichstellung der Geschlechter sowie die Selbstbestimmung der Frau. Ihr Engagement indessen ist ziemlich wässerig und lau und gleicht eher einer Alibiübung als einem gezielten und beharrlichen Einsatz. Es fehlt ihnen an leidenschaftlichen und durchschlagenden Argumenten, an eigener emotionaler Betroffenheit. Da sie aber im Grunde gar nicht nachempfinden können, um was es in der Frauenbewegung geht, könnten sie ihre Fürsprache ruhig auch ganz bleiben lassen. Dahinter steckt eine grundsätzliche Verweigerung, sich wirklich auf die Welt der Frau einzulassen, die, einfach weil sie weiblichen Geschlechts ist, benachteiligt ist. Sich einlassen auf diese Welt würde bedeuten, sich in die hilflose und vor allem machtlose Position vieler Frauen in sozial geschwächten Situationen einzufühlen. Und da machen sich weder die Erfolgs-Frauen noch die meisten Männer ihre Hände schmutzig. Es ist ein großer Unterschied, ob man sich faktisch, rational, zahlenmäßig oder mit seiner ganzen bildlichen Vorstellungskraft darauf einläßt. Du erinnerst Dich, wir haben oft darüber gesprochen und uns nicht wenig deshalb gestritten, was denn hier der Unterschied zwischen sich Einfühlen und bloßem Verstehen über den Verstand sei. Du wolltest mir dabei nie so richtig folgen, und ich verzweifelte fast. Ich habe Dir oft erklärt, daß es ein Unterschied sei, ob wir die neue Frauenarmut in der Schweiz lediglich zahlenmäßig erfassen, uns darüber wundern und der Meinung sind, man sollte unbedingt etwas dagegen tun. Oder ob Du Dir das Leben einer solchen in der Regel alleinstehenden Frau, ihren Tagesablauf Stunde für Stunde vorstellst. Wie fühlt es sich für eine Betroffene an, wenn sie z. B. nach einem Elternabend nicht mit den anderen noch einen Kaffee trinken gehen kann, weil sie kein Geld hat. Zugleich aber sitzt der Erzeuger ihrer Kinder einige Dörfer weiter im Wirtshaus, und zwar allabendlich. Wie viele alleinstehende Frauen müssen den Gang zur Fürsorge machen, der auch heute noch in vielen Gemeinden ein entwürdigender Bittgang ist. Diese Frauen wären durchaus in der Lage, selbständig für sich aufzukommen. Da sie aber durch das Kinderkriegen, durch häusliche Pflichten, eheliche Schwierigkeiten, durch Trennung und Scheidung derart in ihren Energien geschwächt wurden, sind sie nicht mehr in der Lage, für ihren Lebensunterhalt und denjenigen der Kinder aufzukommen. Während eine solche Frau nun zur Fürsorge gehen muß, bleibt der Mann unbeschadet. Oder nenne mir einen einzigen Mann, der aus derartigen Gründen Sozialhilfe in Anspruch nehmen mußte. Um eine solche Situation in ihrem ganzen Ausmaß zu verstehen, muß man sich – und sei es nur für wenige Minuten – in die seelische Landschaft einer Betroffenen einfühlen. Menschen, Männer sowohl als Frauen, die sich nun aber gerade auf Gefühle nicht einlassen können, leisten diese Arbeit nicht und bleiben deshalb in der verstandesorientierten Welt des Rationalen hängen. Wenn sich Männer so verhalten, ist das nichts außergewöhnliches. Wenn Frauen es tun, sind wir enttäuscht darüber. «Von einer Frau hätte ich etwas Anderes erwartet!» heißt es dann. Somit hat die politische Erfolgs-Frau vor allem auch Feindinnen aus dem Lager der Gefall-Töchter-Frauen. Die Leistungs-Tochter wird größte Mühe haben, diese Frauen für sich zu gewinnen. Dann aber wird sie allerdings noch stärker ihren Verstand einschalten, noch tüchtiger, noch leistungsfähiger werden: Ich bin leistungsstark – also bin ich.

Vom großen Kraftakt, Krisen und Probleme
zu verdrängen
Daß die Erfolgs-Frau selbst Opfer ihrer eigenen Tüchtigkeit geworden ist, realisiert sie in der Regel nicht oder erst, wenn sie in eine Krise hineingerät. Krisen werden jedoch lange Zeit erfolgreich verdrängt, auch das hat sie vom Vater gut gelernt. Viele Männer setzen persönliche Schwierigkeiten beruflich nutzbringend um und werden zunächst einfach noch erfolgreicher. Sie verwenden für berufliches Fortkommen fast ihre gesamte Energie. Folglich bleibt ihnen für die Bewältigung der privaten Probleme gerade noch so viel oder so wenig, daß sie einigermaßen funktionieren und die Namen der Kinder nicht vergessen. Die Leistungs-Tochter macht es ebenso. Sie trägt ihr Kostüm der Tüchtigkeit wie einen Panzer, der sie stützt und vor alledem schützt, was sie schwächen und zu Fall bringen könnte. So läßt die Leistungs-Tochter nur jene Gefühle bis in ihr Bewußtsein aufsteigen, die sie nicht gefährden und die sie sich leisten kann. Alles, was nicht sein darf, ist nicht.

Sie koppelt sich erfolgreich von sich selbst ab und funktioniert wie eine ferngesteuerte Marionette perfekt. Das einwandfreie Funktionieren der tüchtigen Frauen geht quer durch alle sozialen Schichten.

Als Arbeitnehmerin, wo auch immer, ist sie äußerst pünktlich, fleißig, korrekt und verrichtet ihren Dienst pflichtbewußt und mit größtem Engagement. Sie wird kontinuierlich die Erfolgsleiter nach oben steigen, ob sie in einer Hühnerfarm oder im Finanzwesen tätig ist.

Als Mütter sind sie genauso leistungsorientiert. Alles, was organisiert werden muß, klappt hervorragend. Doppelbelastungen von Beruf und Muttersein organisieren sie ebenso lückenlos.

Als Partnerinnen kann Mann sich auf sie verlassen. Sie meistern schwierige Situationen, indem sie mit Fleiß und viel Geschick auch ohne Geld wirtschaften. Nach dem Motto, alles was machbar ist, wird gemacht.

Eine Leistungs-Tochter ist in der Regel sehr gepflegt, ungeachtet ihrer finanziellen Möglichkeiten. Im Gegensatz zu der Gefall-Tochter ist sie dezent und unauffällig, aber nicht weniger aufwendig gekleidet. Falls es ihre Finanzen zulassen, kann sie durch zurückhaltende Eleganz bestechen. Es ist übrigens der Frauentypus, der Dir am meisten gefällt! Als wir uns kennenlernten, konnte ich es zunächst nicht fassen, daß Du dem Diskreten mehr Aufmerksamkeit schenktest als dem Auffälligen. Das waren für mich völlig neue Töne! Sieht die Gefall-Tochter aus, als ginge sie auf einen Faschingsball, in eine Disco oder als hätte sie einen Auftritt in einem Nachtclub, wirkt die Leistungs-Tochter in ihrer zurückhaltenden Eleganz. Es sind also keine reich Geschmückten und von Geschmeide Behängten. Ihr Schmuck ist dezent und echt und falls etwas auffallender, superecht. Auch bevorzugen sie eine ganz klare Linienführung in ihrer Frisur. Entweder kurz und schnittig oder halblang und symmetrisch geordnet. Bei diesen Frauen trifft man kaum eine, bei der die Haare flaumgebüschelt herumhängen, herumsträhnen, hier ein vergammeltes Löcklein und dort eine fettige Welle. Nein. Alles hat seinen Platz, seine Ordnung und wird unermüdlich gewartet und gepflegt.

So registriert die Leistungs- und Erfolgs-Tochter auch nicht, daß sie mindestens doppelt so viel leisten, vorausplanen und arbeiten muß wie ihr männlicher Kollege.

Bekleidet sie gar eine Kaderstellung, benötigt sie für eine Sitzung im Verwaltungsrat mindestens vier Stunden mehr Vorbereitungszeit als ihr Kollege. Entweder sie geht vorher zum Friseur oder wäscht sich selbst die Haare, föhnt sie, legt sie ein usw. Sie wird dafür sorgen, daß ihre Fingernägel einwandfrei sind, und wird vielleicht noch kurz vor der Sitzung eine abgesplitterte Ecke korrigieren. Ja, ihr sind Frauen mit ungepflegten Händen ein Greuel. Sie denkt, das ist das Minimum an Aufwand, den frau zu betreiben hat. Sie vergißt, wie viel Zeit sie wöchentlich dafür aufwendet! Sie muß sich darum kümmern, daß die Seidenblusen rechtzeitig von der Reinigung kommen, selbstverständlich holt sie diese entweder frühmorgens oder nach Feierabend selbst ab. Daß sie nebenbei noch dafür sorgt, immer die farblich assortierten Strumpfhosen in ihrem Sortiment zu lagern, um auch stets ein passendes Reservepaar bei sich zu tragen – für alle Fälle –, ist ganz klar. Apropos Strumpfhosen. Das ist ja wohl eines der leidigsten Kapitel in der Frauengeschichte. Ich vermute, daß nur männliche Strumpfhosenfabrikanten existieren, die sich die Abhängigkeit der Frau an dieses Bekleidungs-stück schamlos zunutze machen. Noch vor ca. zehn Jah-ren habe ich meine Strumpfhose allabendlich gewaschen. Der Prozeß der Entwöhnung ging lautlos, schleichend. Heute bleibt es mir nur noch gelegentlich vergönnt, Abendwäsche abzuhalten. Keine Strumpfhose überlebt länger als einen einzigen Tag. Viele geben den Geist schon beim Anziehen auf. Und das Schlimme daran ist, es gibt keinen ersichtlichen Grund. Ich kann noch so vorsichtig sein, plötzlich rieseln die Maschen. Das kann Mann nur mit Frauen machen! Strumpfhosenkonstrukteure verbes-sern ihr Produkt, indem es immer schneller kaputt geht. Bravo. Zudem ist es das frauenfeindlichste Kleidungs-stück überhaupt. Erinnerst Du Dich, wie ich oft Hände raufend von einer Strumpfhose in die nächste hineinstieg? Es gibt wenige Strumpfhosen, die frau nicht am Leben hindern! Die einen fühlen sich im Moment des Überziehens flohleicht und samtpfotig wohl an. Das ist jedoch meist verdächtig, denn frau darf sich grundsätzlich nicht zu wohl fühlen. Nach wenigen Bewegungen erhält man die Quittung, indem sie wursthautähnliche Falten um die Knöchel werfen. Frau kann sie verzweifelt oder geduldig alle drei Minuten straff wieder nach oben ziehen, sie rutscht unermüdlich von neuem. Es ist ein so entsetzliches Gefühl von Alles-schlampt-und-lottert, daß die straff sitzende zunächst wie eine wahre Wohltat anmutet. Keine einzige Falte, spiegelglatt – und wenn sie in hauchdünnem Seidenglanz schimmert, ist das Glück vollkommen – fürs erste. Nach wenigen Bewegungen allerdings wird das Faltenfreie zum Gefängnis – und, was der allerschlimmste Horror ist, sie rutscht in ihrer glatten Gänze um wenige Millimeter aus der Taille und bildet im Schritt einen winzigen Spielraum. Diese Winzigkeit aber kann einem das Leben restlos vermasseln. Und noch eines, je glanzseidener der Schimmer, um so stärker das Gefühl, in einem luftundurchlässigen Gefängnis eingesperrt zu ersticken. Für eine typische Leistungs-Tochter sind Strumpfhosen der kleinste Zwang, sie steckt in tausend anderen, so daß dieser nun wirklich nicht der Rede wert ist. In jungen Jahren gerät die Karrierefrau zudem in einen grundlegenden Konflikt: Familie gründen oder nicht. Nochmals muß sie so tun, als ob das kein Problem wäre. Frauen sind doch nicht benachteiligt – das ist sie ihrem Vater schuldig. Gründet sie eine Familie und bleibt beruflich weiterhin erfolgreich, muß sie das dreifache leisten. Aber das ist für die Karrierefrau auch kein Problem. Schließlich hat sie eine Haushaltshilfe oder gar noch ein Kindermädchen. Hat sie weder das eine noch das andere, organisiert sie sich mit Hilfe weiblicher Verwandten, mit Mutter, Schwiegermutter usw. Sie managt, plant, holt mit dem Auto, bringt mit dem Auto, je nachdem. Jedenfalls ist es kein Problem. Es darf kein Problem sein. Probleme haben ist eine Gefühlsduselei und für schwache Menschen bestimmt. Die zweite Variante ist die, kurzfristig für die wichtigsten Jahre des Kindes von der Berufsbildfläche zu verschwinden. Auch das ist nicht schlimm, und sie weiß nicht, worüber sich ihre Schwestern beklagen, wenn diese von den Schwierigkeiten des Wiedereinstiegs berichten. Sie führt Haushalt und Mutterdasein genauso pflichtbewußt, tüchtig und problemlos wie ihren Beruf. Gelegentliche Migräneanfälle sind auch kein Problem, denn das ist der Föhn, der Wetterumschwung, der Kälte- oder Wärmeeinbruch oder der sich ankündigende Schnee. Die Erfolgs-Frau ist erfolgreich, ob im Beruf, zu Hause oder wo auch immer. Erfolglos sein hieße, keine Existenzberechtigung haben. Schwäche zulassen ist ihr verpönt. Auch in Krisenzeiten strahlt sie nach außen, keiner würde etwas merken. Das gehört zu ihrem Programm. Sie sind also äußerst pflichtbewußt und fleißig. Leistung bedeutet, sich individuell bemerkbar zu machen, hervorzustechen, herauszuragen aus dem Niemandsland des Vergessenwerdens. Wenn ich erfolgreich, tüchtig und fleißig bin, gibt es mich! Sonst existiere ich überhaupt nicht. So übertragen diese Frauen ihre Kindertragödie auf die berufliche Erwachsenenbühne und erhalten somit für ihre alten Verletzungen ständig ein paar Tupfer Wundsalbe. Die große Tragödie besteht aber darin, daß sie ein Leben lang übermäßig viel leisten und dennoch niemals das bekommen, was sie eigentlich sehnlichst erhoffen: Geliebtwerden um ihrer selbst willen.

Eine weitere Möglichkeit besteht darin, überhaupt keine Familie zu gründen. Die gesamte Energie bleibt für

Erfolg und Karriere zur freien Verfügung. Es gibt Frauen, die sich in dieser Entscheidung sehr wohl fühlen, wahrscheinlich ist es die einzig zumutbare überhaupt. Denn, beruflich erfolgreich sein und Familie haben heißt ja, ein Doppeltes und Dreifaches an Energie aufzubringen. Eine Frau, die das frühzeitig erkennt und das Ausmaß der Überforderung und Überlastung abschätzen kann, wird sich entscheiden. Hier aber gerät die Leistungs-Tochter unweigerlich in einen großen Konflikt, wohl den einzigen, den sie bereit ist, als solchen anzuerkennen.

Die Begriffe Frau und Mutter gehören zusammen wie Essen und Trinken. Frauen, die es wagen, individuelle Wege zu gehen, müssen damit rechnen, von ihrer Umwelt etwas schief angesehen oder gar als nicht ganz normal abgestempelt zu werden. Eine Frau, die keine Mutter sein will, ist eben keine richtige Frau. Ihr fehlt grundsätzlich etwas, so lauten die Argumente. Eine kinderlose Frau kann einen noch so zufriedenen Eindruck machen, man glaubt es ihr nicht. Sie wird verdächtigt, daß sie weibliche Urinstinkte verdrängt oder darüber hinaus nicht ganz klar im Kopf ist.

Rahel, die sich ganz bewußt dafür entschieden hatte, keine Kinder zu bekommen, erzählte mir, der folgende Dialog spiele sich immer wieder neu ab:

Zuerst werde etwas mitleidig, den Kopf in leichter Schräglage, einfühlsam nachgefragt:

«Ja, kriegst Du denn keine?»

«Doch, doch, ich habe meine diversen Schwangerschaftsabbrüche bereits hinter mich gebracht. Nein, ich will keine Kinder.»

«Ja, aber, weshalb willst du denn keine? Wirst Du es nicht einmal bereuen? Fehlt Dir denn nicht manchmal etwas?»

Rahel meint, jene Frauen, die Kinder haben möchten,

müßten nicht noch erst belegen, weshalb sie Kinder wollen. Für diejenigen hingegen, die keine möchten, genüge es nicht, einfach keine zu wollen.

Viele Frauen scheinen nicht zu verstehen, daß es nicht darauf ankommt, in welcher Richtung der Mensch sich entwickelt und weiterverbreitet, ob horizontal oder vertikal.

Die Fixierung der Frau auf die biologische Reproduktion unterstützt die Vorherrschaft des Männlichen in wirtschaftlichen, politischen, sozialen und kulturellen Schaltstellen. Solange jede Frau das Gefühl hat, ihr Pflichtsoll an Gebären absolvieren zu müssen, lassen wir uns auf eine begrenzte Lebensperspektive einschränken. Wir werden dadurch in unseren Möglichkeiten begrenzt, hemmen uns freiwillig und bleiben weiterhin das geschwächte Geschlecht. Die Leistungs-Tochter bleibt innerlich so oder so auf der Strecke. Für ihre immense Leistung, die sie zu erbringen imstande ist, erhält sie, wenn sie Glück hat, zwar etwas Anerkennung – aber mit Sicherheit nur, solange der Erfolg anhält. Ob sie damit das Interesse des Vater erwecken kann, bleibt dahingestellt. Wenn es ihr aber damit gelingt, dann nur deshalb, weil sie seine Wünsche und Vorstellungen erfüllt. Die Tragödie der Erfolgsfrau besteht darin, daß sie niemals als das geliebt wird, was sie ist, sondern für das, was sie leistet. Sie kann also niemals wagen, sich ganz auf sich selbst einzulassen, denn das würde bedeuten, daß sie Gefühle entdeckt – und gerade diese darf sie ja nicht haben. Sie lebt also in bezug auf sich selbst nur halb, auf Sparflamme, ebenso wie ihre Gefall-Schwester.

Die starke Frau und ihr schwacher Partner
Viele Erfolgs-Töchter-Frauen steuern ihr Drama mit der Partnerwahl auf den Höhepunkt zu. Obwohl sie nichts

unversucht lassen, bringen es nur wenige zu einer für sie befriedigenden Beziehung. Wie ist das zu verstehen, wenn doch jemand so tüchtig ist? Wie ich bereits beschrieben habe, setzt die Erfolgs-Tochter-Frau ausschließlich auf Leistung und Verstand, um sich damit möglichst vor unangenehmer Beeinträchtigung durch die Gefühlswelt zu bewahren. Nun folgt die Wahl des Partners einer Gesetzmäßigkeit, die darin begründet liegt, daß wir uns stets durch das ergänzen wollen, was wir nicht haben. Denn unbewußt strebt jeder nach Ergänzung, letztlich nach Ganzheit in sich selbst. Wenn die Erfolgs-Tochter-Frau Glück hat und einen Mann findet, der seine Gefühlswelt auslebt, könnte sie durch ihn wieder Zugang zu ihren eigenen Gefühlen finden. Der einst ausgegrenzte Gefühlsbereich würde eingemeindet. Und ihr Partner könnte von ihr lernen, wie man es anstellt, nicht allein die Gefühle am Lebenssteuer schalten und walten zu lassen. Und somit hätte eine solche Beziehung auch wirklich eine wichtige Aufgabe zu erfüllen. Beide könnten voneinander lernen, das Fehlende in sich zu entwickeln, damit beide im Laufe der Jahre ganze Menschen werden. Schließlich ist eine Partnerschaft nicht dazu da, um sich gemütlich niederzulassen und möglichst viele Stunden vor dem Fernseher zu verbringen, sondern um sich weiterzuentwickeln, um ganz und vollständig zu werden. Selbstverständlich auch in einer konventionellen Rollenverteilung.

Da die Erfolgs-Tochter den Kontakt zu ihren Gefühlen verloren hat, spielt sich ihr ganzes Leben in einer Welt ab, in der mit Disziplin, Durchhaltewillen und Leistung alles erarbeitbar und machbar ist. Angst haben, schwach sein, kraft- und mutlos sein, sich unpäßlich und verstimmt fühlen gehören nicht in ihre Welt. Sie partizipiert an der halben Welt. Sie wählt deshalb einen Partner, der über die andere Hälfte verfügt, der all das besitzt, was sie nicht hat. Er darf also legitim Schwächen zeigen und sie ausleben, ja, er ist Träger und Garant dafür, daß das menschliche Individuum auch Schwäche und Unzulänglichkeiten durchaus zulassen kann. Und er sorgt dafür, daß die einseitige Welt der Tüchtigen Ergänzung findet in derjenigen der Schwachen und die Welt somit in Ordnung ist. Dieser Partner übernimmt also eine wichtige Funktion. Da sich die Erfolgs-Tochter-Frau weder Gefühle noch Schwächen gestattet, lebt es der Partner aus. Er bildet das Gegengewicht zu ihrer ewigen Stärke, und das ist zunächst für die Erfolgs-Tochter ein erholsames Wunder – in der ersten Zeit zumindest. Und hier unterscheiden sich die Situationen von Mann und Frau wieder einmal mehr ganz gewaltig. Wenn der gefühlstiefgefrorene Manager sich zu einem warmherzigen, weiblichen Wesen hingezogen fühlt, das ihm seine verschlossene Gefühlswelt ersetzt, bleibt alles in bester Ordnung. Das sieht dann wie bei Lilians Eltern aus: Trennung der Welten, er denkt, und sie fühlt. Das altgewohnte Bild! Niemanden stört es also, daß die Frau nicht mindestens so leistungsstark, geschäftstüchtig und erfolgreich ist wie der Mann. Niemand bedauert es, daß man mit ihr keine interessanten Gespräche führen kann. Schließlich ist sie ihm eine liebevolle, ihn unterstützende Frau, eine gewissenhafte Hausfrau, eine gute Mutter – und das genügt. Sie lebt vom sozialen Status ihres Partners, wird durch ihn und das, was er in der Gesellschaft repräsentiert, geadelt, unabhängig von ihrer eigenen Leistung. Die Identität des Partners stülpt sich über sie – voilà. Sie muß also ihre Leistungspotenz, ihr Können, ihre Fähigkeiten nirgends unter Beweis stellen – weil sich niemand dafür interessiert. Dies wiederum ist für viele Frauen eine so große Kränkung, daß sie krank werden. Ein ganz eigener Zweig der Medizin hat sich etabliert und behandelt zuverlässig die Symptome. Frauenkrankheiten, Frauenkliniken, Frauenärzte! Sorry, ich bin vom Thema abgerutscht.

Sind die Rollen jedoch umgekehrt, also die Frau bekleidet eine Kaderposition, und der Mann arbeitet als Hilfsarbeiter, wird es auf alle Fälle zu größten Schwierigkeiten kommen. Die Gesellschaft wird für dieses Arrangement wenig Verständnis aufbringen. Ganz nach altem Rollencliché, der Mann gibt den Ton für die soziale Hierarchie an. Ein Bankdirektor, der eine Serviertochter heiratet oder mit ihr zusammenlebt, hievt sie mit dem Akt seiner Wahl in seine Höhen. Bildungsunterschiede spielen keine Rolle, keiner wird es störend finden, daß man sich mit ihr nicht über aufregende Finanzspekulationen unterhalten kann. Sie wird als bekömmliches Beigemüse einfach zur Kenntnis genommen, die Wahl des Mannes wird selbstverständlich respektiert, oder es wird leise darüber geschmunzelt: er braucht schließlich ein anschmiegsames Maskottchen, sicherlich tut sie ihm gut. Anders aber, wenn die Rollen vertauscht sind. Die Bankprokuristin (Direktorinnen sind ja selten), die ein Verhältnis mit einem Bauarbeiter hat, wird kaum Nachsicht erfahren. Im Gegenteil! Begleitet er sie zu einem Firmenessen, fällt den meisten der Kiefer herunter, es wird mehr oder weniger offen darüber getuschelt, jedenfalls werden sich die Gemüter ereifern, ob so etwas überhaupt sein darf. Die Kaderfrau darf nicht damit rechnen, daß sich irgend jemand wirklich einfühlsame Gedanken darüber macht. Denn niemand fragt sich ernsthaft, ob gerade dieser Mann ausgleichend auf ihr seelisches Wohlbefinden wirkt. Toleriert, zuweilen mit reger Neugierde verfolgt, werden solche Verhältnisse als exotische Novitäten allenfalls in Filmen und Romanen. – Als soziale Realität werden sie jedoch nur den Männern zugestanden.

Selbstverständlich freut sich auch der Vater nicht über

diese Partnerwahl. Er hätte für seine Tochter einen Mann seines Kalibers gewünscht. Die erfolgreiche Leistungs-Tochter gerät erneut in einen Konflikt. Einerseits spürt sie, wie ihr die gefühlsbezogene Art des Partners wohl bekommt, andererseits ist sie doch ganz und gar im väterlichen Wertesystem eingebunden. Dieses Wertesystem wirkt auch noch über den Tod des Vaters hinaus und macht ihr schwer zu schaffen.

Da sie nun aber via Identifikation die väterliche Werteskala verinnerlicht hat, wird sie zwar einerseits zu den Gefühlsbereichen, die vom Partner gelebt werden, magisch hingezogen, gleichzeitig aber wird sie allmählich eine abwertende Haltung ihm und seinem Tun gegenüber einnehmen. Sie beginnt, auf zwei Bühnen zu kämpfen. Einmal intrapsychisch, d.h. sie steht ständig in einem inneren Verteidigungsdialog gegen die sich einschleichenden Entwertungen. Zum anderen verlagert sie den inneren Konflikt auf die äußere Bühne. Es dauert meist nicht sehr lange, und die Erfolgs-Tochter bemüht sich, aus dem gefühlsbezogenen Aussteiger einen ebenfalls erfolgs- und leistungsorientierten Menschen zu formen. Sie läßt nicht locker, gibt nicht auf, hartnäckig versucht sie für ihn berufliche Perspektiven anzupeilen. Sie greift ihm herzhaft unter die Arme, puscht, motiviert, stützt, managt, organisiert, stellt berufsbegleitende Ausbildungsprogramme zusammen oder meldet ihn einfach für einen Kurs an, den sie für nützlich hält, und dann auch noch für ihn bezahlt. Nichts ist ihr zuviel. Dabei setzt sich ihrerseits ein unbeschreibliches Energiepotential in Bewegung. Oft ist es so, daß sich der Partner durch eine solch geballte Ladung Kraft beinahe erdrückt fühlt und sich dieser gigantischen Stärke nur entgegenzustemmen vermag, indem er noch etwas schwächer und antriebsloser wird. Während sie immer mehr leistet, noch mehr Hebel in Bewegung setzt, noch mehr Beziehungen spielen läßt, sorgt er für ein Gleichgewicht und lebt entsprechend seine Schwächen aus. Der Gedanke liegt ihr fern, zuviel Leistungen auf der einen Seite könnten die Kräfte auf der andern Seite lähmen. Sie analysiert die Situation und kommt zu der Überzeugung, sie habe eben etwas falsch gemacht. Sie wird sich also bemühen, noch perfekter, noch durchdachter seine gewisse Lebensuntüchtigkeit in den Griff zu bekommen. Ein Teufelskreis beginnt. Die Tüchtigkeit der Frau wird alle seine eigenen Impulse bereits im Keim ersticken, was sich oft auch auf den sexuellen Bereich auswirkt. War er einst ein zärtlicher und einfühlsamer Liebhaber, so vergeht ihm allmählich die Lust und Freude daran. Ihre Überaktivität legt ihn förmlich lahm und drosselt seine sexuellen Bedürfnisse jäh herunter. Jedenfalls was diese Partnerin betrifft. Selbstverständlich wird sie auch auf jenem Gebiet nichts unversucht lassen, um ihn wieder in Schwung zu bringen. Der Zauber der ersten Anziehung ist längst verschwunden. Und im Hinterkopf rattert die Entwertung auf Hochtouren, was dem Partner nicht verborgen bleibt. Irgendwann aber schert er aus, wird er sich eine andere nehmen, die ihn nicht verändern will, die sich durch das verzaubern läßt, was er zu bieten hat: Gefühle. Ja, und dann plötzlich spürt er neuen Schwung in allen seinen Gliedern.

Ich weiß genau, Du wirst jetzt einwenden, hier stimme meine Theorie nicht. Diese Töchter würden mit Sicherheit wieder einen Vater-Typ suchen, der alles managt und selbst erfolgreich ist. Das ist durchaus eine Möglichkeit. Die Chance ist jedoch groß, daß sie sich selbst zu sehr mit ihrem Vater identifiziert hat und deshalb so wird wie er. Die eigene Bedürftigkeit und Schwäche verdrängt sie genau wie er und braucht daher einen geeigneten Partner, an den sie diesen Bereich delegiert. Und wie ihr Vater empfindet sie letztendlich nur Verachtung für die Schwäche des anderen. Wie der Vater die untaugliche Gefühlswelt der Mutter verachtet und entwertet hat, so tut es nun auch die Erfolgs-Tochter, und somit ist der verhängnisvolle Kreislauf geschlossen.

Erinnerst Du Dich noch an mein für mich aufregendes Unternehmen, ein spezielles Seminar durchzuführen für Frauen, die an ihren erfolglosen Männern leiden? Du hast mir damals auf Deinem neuen Computer die Ausschreibung getextet, und weil ich stets nochmals Verbesserungen anbringen wollte, hatten wir einen Riesenkrach. Du hast Dich damals sofort mit den erfolglosen Männern verkumpelt und warfst mir vor, ich sei ein elendes, rechthaberisches Machtweib. Das hab ich Dir bis zum heutigen Tag nicht verziehen! Ach, Fabian, es tut mir richtig gut, auch jene Szenen wieder zu beleben, in denen ich mich mit Dir so unbeschreiblich beschissen fühlte. Und wenn ich mir dann vergegenwärtige, daß ich das alles nicht mehr mit Dir durchstehen muß, dann befällt mich geradezu eine beflügelnde Leichtigkeit. Ich kann mir vorstellen, daß es Dir ebenfalls so ergeht. Nun möchte ich Dir aber noch erzählen, was sich später in dieser Frauengruppe herauskristallisiert hat. Die Teilnehmerinnen haben übrigens darüber einen Bericht verfaßt und ihn in einer Frauenzeitschrift veröffentlicht. Ich war so stolz auf diese Frauen, und Du hast den Artikel nicht einmal gelesen! Ich konnte mir damals beim besten Willen nicht vorstellen, daß Dich diese partnerschaftliche Konstellation nicht interessieren würde. Heute kann ich Deine Reaktion verstehen: Das Thema lag Dir zu dicht unter der Haut. Stimmt's?

Vielleicht aber hast Du inzwischen mehr Interesse, Dir diese Geschichten etwas genauer anzuschauen:

Inge und Erwin: Inge war mit 35 Jahren Witwe gewor-

den. Ihr Mann hinterließ ihr eine ziemlich herunterge-
wirtschaftete Werbeagentur. Als typische Leistungs-
Tochter – sie arbeitete bis dahin in einer Kaderstellung in
einem anderen Betrieb – übernahm sie die Leitung der
Firma, steckte ihr ganzes Engagement hinein und brachte
sie in kurzer Zeit zur Blüte. Sie lernte Erwin kennen, als
dieser einige Reparaturarbeiten an ihrem Haus vornahm.
Er arbeitete stets mit einem kleinen Walkman und Kopf-
hörern, pfiff vergnügt vor sich hin oder sang gar mit. Er
war selbständig und wollte nur soviel arbeiten, daß er sein
unaufwendiges Leben finanzieren konnte. Er liebte die
Natur, legte sich in den reichlichen Pausen ins Gras und
träumte in den Himmel hinein. Er hatte etwas sehr
Warmherziges, Sanftes. Inge fühlte sich zu diesem Mann
sofort hingezogen, was ihr zunächst ziemlich peinlich
war. Als sich Erwin regelmäßig nach ihrem Wohlergehen
erkundigte, sich um sie kümmerte, da er sie immer gestreßt antraf, schmolz ihr Verstand wie Schnee an der
Sonne. Sie fühlte sich von ihm umsorgt, etwas, das sie bis
dahin nicht gekannt hatte. Als er sie eines Abends zu sich
in seine Wohnung einlud, war es dann restlos um sie
geschehen. Er hatte phantasievoll gekocht, alles war mit
größter Sorgfalt zubereitet. Obwohl seine kleine Wohnung sehr einfach und bescheiden eingerichtet war, kam
ihr überall eine unbeschreibliche Zartheit entgegen. In
dieser Nacht ging sie nicht nach Hause, und sie erlebte
mit ihm ein kleines Paradies. Die erste Zeit dann ging alles
gut. Die paradiesischen Gefühle hielten beidseits noch
eine Weile an. Er renovierte ihr den ganzen Betrieb, und
zunächst störte sie es nicht, wenn er erst gegen 9 oder
10 Uhr erschien. Sie saß bereits seit 7 Uhr im Büro und
freute sich, ihn zu sehen. Weihnachten stand vor der Tür.
Es war klar, daß sie, wie jedes Jahr seit dem Tod ihres
Mannes, die Festtage mit ihrer Familie verbringen würde.

Zugleich aber wollte sie sich auch nicht für die paar Tage von Erwin trennen. Was sollte sie machen? Wie könnte sie ihn vorstellen? Die erste Frage würde seinem Beruf gelten. In dieser Unternehmerfamilie, wo alle in irgendwelchen leitenden Positionen saßen, an der Spitze der Vater, konnte sie unmöglich kommen und sagen, ihr neuer Partner sei ein Reparatur-Allrounder. Auch könnte sie Erwin die abschätzenden Blicke nicht zumuten. Dazu wäre er auch viel zu sensibel, und er würde sich das sofort zu Herzen nehmen. Zugegeben, auch sie hatte schon mal gedacht, er könnte doch mit seinen Begabungen mehr aus seinem Leben machen. Sie hatte das auch schon kurz angedeutet, aber er verstand nicht, was sie meinte.

Nach schlaflosen Nächten hatte sie eines Tages eine großartige Idee – und damit wurde das Ende dieser Beziehung eingeläutet. Unmerklich zwar, aber unaufhaltsam. Nach zwei Jahren trennten sie sich. Was war geschehen?

Inge hatte beschlossen, aus dem Reparatur-Allrounder einen Restaurator zu machen, der sich vor allem auf die Restauration alter Jugendstilhäuser spezialisiert. Sie stellte ihm ein Kursprogramm zusammen, ließ ihre Beziehungen spielen, unter anderem zu einem tschechischen Stukkateur. Dorthin schickte sie ihn. Er war sehr unglücklich. Sie tröstete ihn, motivierte ihn und machte ihm klar, daß er doch auch etwas halbwegs Anständiges aus seinem Leben machen sollte. Er aber fühlte sich durch diese Bevormundung so entwertet, daß er sich allmählich ausklinkte.

Es ist für Leistungs-Töchter vor allem schwierig, sich selbst aus dem väterlich präparierten Minenfeld lauernder Entwertung abzusetzen. Gelingt ihnen das nicht, wird die ganze Beziehungskiste irgendwann hochgehen.

Eveline und Wolfgang: Eveline war Mittelschullehrerin. Wolfgang war die meiste Zeit arbeitslos. Nicht daß er unbegabt gewesen wäre, aber eben oft unpäßlich. Er ließ seiner Laune freien Lauf, das heißt, wenn es ihn «anschiß», ging er eben nicht zur Arbeit. Auch war er nicht bereit, Kritik von seinem Arbeitgeber einfach hinzunehmen, ob berechtigt oder unberechtigt. Andererseits aber war er gerade durch seine eigene Empfindlichkeit Frauen gegenüber sehr einfühlsam. Und genau das faszinierte Eveline und zog sie magnetisch in seinen Bann. Sie hatte sich längst von ihren Gefühlen abgekoppelt. Schon früh hatte sie sich darum bemüht, mit außergewöhnlich guten Noten ihren Vater, der ebenfalls Mittelschullehrer war, zu beeindrucken. Mehr noch. Sie engagierte sich in diversen schulpolitischen Projekten, führte in verschiedenen Kommissionen das Präsidium, wirkte überall tatkräftig mit – und war dabei sehr erfolgreich. Sie war nie krank, oder besser gesagt, sie erlaubte sich nicht, krank zu sein. Durchhalten, und zwar unter allen Umständen, so lautete ihre Maxime. Wolfgang verkörperte zunächst den wohltuenden Gegenpol.

Ziemlich schnell aber begann Eveline, Wolfgangs Lebens- und Berufsplanung zu übernehmen. Sie verschaffte ihm eine Stelle nach der anderen, die er aber nach kurzer Zeit wieder verlor. Zu guter Letzt nahm sie ihr Erspartes und richtete ihm einen kleinen Kopier- und Drucksachenladen ein. Sie weckte ihn jeden Morgen mit einer Tasse Kaffee, damit er besser aufstehen konnte, um pünktlich im Geschäft zu sein. Meist aber schlief er nach dem Kaffeetrinken zufrieden wieder ein. Er wurde immer etwas träger, sie noch tüchtiger, organisierte seinen Stundenplan noch straffer und hoffte unermüdlich, daß er sich zu einem verantwortungsbewußten Menschen entwickeln würde.

Dann wurde sie schwanger, und es wurde geheiratet. Sie war davon überzeugt, daß sich Wolfgang verändern würde und mehr Verantwortung übernähme, sobald das

Kind zur Welt käme. Da hatte sie sich aber gewaltig getäuscht. Kinder haben ist für diese Männer noch kein Grund, sich aufzuraffen. Schließlich haben sie eine tüchtige Frau! Eveline leistete das Dreifache. Sie arbeitete, versorgte das Kind und versuchte unermüdlich ihren Wolfgang auf Trab zu bringen – ohne Erfolg. Daß sie unter diesem Zustand sehr litt, braucht wohl nicht noch eigens erwähnt zu werden. Aber daß ihr von diesem Leiden nichts anzumerken war, ist zweifellos erwähnenswert. Erfolgs- und Leistungsfrauen mit Kindern bringen tatsächlich dieses Wunder fertig, nach außen frisch und strahlend zu wirken und die Unbill des Alltags scheinbar mühelos zu bewältigen. Nach einer hoffnungsdurchtränkten Phase aller erdenklichen Versuche, den Partner als verantwortungsvollen Vater zu motivieren, werden sie letztlich darum bemüht sein, auch seine Unfähigkeit einzuplanen. Eveline erzählte, wie sie einen Umzug organisierte und versuchte, Wolfgang zu beschäftigen, damit er nicht störend im Zügelumtrieb herumstand.

Für leistungsstarke Frauen mit schwachen Partnern bedeutet Muttersein eine hochpotentierte Belastung. Am besten, die Leistungs-Frauen zählen zu den eigenen Kindern stets noch ein besonders schwieriges dazu, das eine spezielle Betreuung benötigt.

Für diese Leistungs-Frauen ist es äußerst schwierig, das Ruder aus der Hand zu geben. Zu tief sitzt ihnen die Erfahrung in den Knochen: Ich bin tüchtig und erfolgreich, also bin ich. Sie können es sich nicht vorstellen, daß sie auch geliebt werden könnten, wenn sie Schwäche zulassen würden. Wenn Frauen in diesen partnerschaftlichen Konstellationen nicht lernen, ihre eigenen hilflosen Anteile zuzulassen, werden sie den Partner mit ihrer erdrückenden Stärke früher oder später in die Flucht jagen, oder sie sind selbst derart ausgelaugt, daß sie das Handtuch werfen.

Jana und Harry haben das Kunststück geschafft, es nicht soweit kommen zu lassen. Du kennst die beiden von unserem letzten Sommerurlaub, den wir noch miteinander verbracht haben. Übrigens, damals gab es wohl schon Vorzeichen, daß es mit uns wohl bald ein Ende nehmen würde; wir konnten uns ja beide nicht mehr vorstellen: drei Wochen ganz allein, nur wir zwei.

Jana, die tüchtige Pressesprecherin, plante alles lückenlos. Kannst Du Dich noch erinnern, wie sie in den Ferien täglich mindestens fünf Stunden Akten studierte? Gut, ich saß hinter meinem Manuskript, nicht minder pflichtbewußt. Du und Harry hingegen lümmelten vergnüglich am Strand oder in den Bistros oder in irgendwelchen gemütlichen Ecken im Hotel, an der Bar. Wenn Jana und ich uns jeweils morgens zur Arbeit zurückzogen, verabschiedeten wir uns von Euch mit dem Satz: «Schließlich muß sich einer (eine!) um das Einkommen kümmern.» Es sollte ein Witz sein. Deine vier Kilos Computerlektüre lagen unangetastet im Reisegepäck, und ich fand das ein ziemlich starkes Stück.

Harry wollte Schriftsteller werden und hatte sich ein schwarzes Notizbuch gekauft. Dieses lag ebenfalls während der ganzen Ferien unangetastet auf dem Nachttisch. Auf Janas vorsichtige und einfühlsame Nachfrage, ob er denn nicht doch etwas tun wolle, antwortete er, zunächst müsse er mal richtig ausspannen. Wir wußten alle nicht so recht wovon, war er doch bereits seit längerer Zeit arbeitslos und bezog Sozialhilfe. Nachdem Harry seine Ausbildung als Sozialarbeiter abgeschlossen hatte, dachte er nicht daran, diesen Beruf auszuüben. Er war davon überzeugt, daß er ein begabter Schriftsteller sei und Großes zu sagen habe, und wollte seine Energie nicht unnütz an etwas anderes vergeuden. Er verfaßte unzählige Gesuche um Förderungsbeiträge, alle mit abschlägiger Antwort.

Jana, die an ihn und sein Können uneingeschränkt glaubte, förderte ihn, wo sie nur konnte und unterstützte ihn finanziell. Sie meinte aber, daß schließlich auch ein Genie sich um ein gewisses Einkommen zu kümmern hätte und besorgte ihm bei verschiedenen Zeitungen freie journalistische Mitarbeit. Da er sich aber meist nicht in der Lage fühlte, seine Beiträge zu schreiben, geschweige denn, sie rechtzeitig in der Redaktion abzuliefern, übernahm Jana auch noch diese Aufgabe. Obwohl sie mit ihrem eigenen Job mehr als ausgelastet war, leistete sie zusätzlich auch noch seine Arbeit und schrieb nachts seine Artikel.

Für Leistungs-Töchter ist nichts zuviel. Sie bewältigen alles, nur eines können sie nicht: Überforderung, Schwäche und Müdigkeit zulassen.

Jana kam gerade noch rechtzeitig in unsere Gruppe. Sie lernte Millimeter für Millimeter, ihre Gefühle überhaupt erst einmal wahrzunehmen, ihre Wünsche, schwach zu sein, sich anlehnen zu dürfen, lernte Gefühlen nachzuspüren und sie zuzulassen, und am Ende gelang es ihr auch, sich mit der abgewerteten Mutter und ihrer Gefühlsrepräsentanz zu versöhnen.

Je mehr sie wagte, ihre eigene Bedürftigkeit zuzulassen, um so mehr entlastete sie Harry in seiner Rolle des Schwächeren. Es war ein langer Weg. Und zwischendurch funktionierte überhaupt nichts mehr. Harry wartete noch immer darauf, daß ihn die Muse endlich küßte, während Jana darauf wartete, endlich von Harry die Unterstützung zu bekommen, die sie sich wünschte. Allmählich aber verschob sich das Kräfteverhältnis. Harry begann, seine Artikel selbst zu schreiben, bemühte sich auch um zusätzliche journalistische Aufgaben, während Jana ihre Tüchtigkeit ein wenig drosselte und sich sogar einmal erlaubte, mit einer kleinen Grippe im Bett zu liegen.

Du siehst, lieber Fabian, die beiden haben es geschafft, jedenfalls sind sie auf dem Weg dazu.

So ist diese Arbeit in letzter Konsequenz eine Aussöhnung mit der eigenen Gefühlswelt, zu der auch die verinnerlichten Werte gehören, insbesondere der daran gekoppelte Mechanismus der Entwertung. Er wird erkannt und verliert damit seine Macht. Die Versöhnung muß also intrapsychisch ausgetragen werden, und dann wird sie sich auch in der Beziehung manifestieren.

Das Feuer lodert und kracht. In den verschiedenen Frauengruppen sind heiße Diskussionen zu hören: «Nichts Neues, überhaupt nichts Neues», schnippt die eine. Eine andere beruhigt sie. «Hab ich denn behauptet, daß dies etwa neu sein soll? Im Gegenteil: Das ist eine uralte Geschichte. Zufrieden?»

«Nein, überhaupt nicht zufrieden», gibt sie entrüstet zurück. «Psychologische Erklärungen hören sich zwar ganz unterhaltsam an, aber sie bringen einfach nichts! Man muß für die Frauen politisch, gesellschaftlich und auf der sozialen Ebene etwas tun. Kämpfen muß man, nicht psychologisch herumdösen und reden und reden!»

«Aber wir müssen doch zuerst die Hintergründe verstehen.»

«Ja schon, aber ... Nein, wir müssen kämpfen ... »

«Nein», «ja-aber», «wir-müssen-kämpfen» sind die wohlbekannten Äußerungen des trotzigen Töchterleins, das sich nur dann als existenzberechtigt erlebt, wenn es Widerstand spürt.

Von der Trotz-Tochter werde ich Dir aber erst morgen berichten.

Ich bin ziemlich erschöpft. Neue Töne, nicht wahr? Ich gehöre ja auch zu den Frauen, die niemals zur Unzeit müde sind, die immer stehen bleiben, auch dann, wenn sie sich eigentlich längst hätten hinlegen und ausruhen sollen.

Leider erkenne ich die verheerende Auswirkung dieses Ungleichgewichtes in unserer Beziehung erst jetzt, da es zu spät ist.

Ich hatte nicht damit gerechnet, daß der Vater meiner Freundin Lilian, den ich so spontan als junges Mädchen adoptiert hatte und dem ich unbedingt gefallen wollte, eine derartige Prägung hinterlassen hatte. Wie hatte ich ihn in seiner Tüchtigkeit bewundert, in seiner denkerischen Potenz. Und wie hatte ich mich angestrengt, ihm mit meinen Leistungen ein anerkennendes Lächeln abzuringen. Und während ich ihm seine Erfolgsstrategien abschaute, schickte ich meine eher gefühlsbezogene Art – nach seiner Werteskala bemessen – in die Wüste.

Die väterliche Absenz, das Nichtbeantwortetwerden macht uns wohl lebenslang anfällig, irgendwelchen Ersatzvätern zu gefallen, imponieren zu wollen – damit sich das lang ersehnte Wunder doch noch vollzieht.

Es ist nicht leicht zurückzublicken, den Film der eigenen Geschichte anzuschauen und zu erkennen, wo die Fehlerquellen stecken. Es ist wie ein Krimi: Du siehst den Dieb und möchtest das Opfer warnen – aber Du weißt, der Film ist schon gedreht. Du kommst auf jeden Fall zu spät.

Apropos Opfer – ein schreckliches Frauenwort! Ein Wort, das auffordert, zu jammern und die Hände in den Schoß zu legen. Ich glaube, daß man sich von diesem Wort rigoros losreißen muß, sonst bleiben uns die Hände weiterhin gebunden. Ich persönlich habe die Opferlammrolle endgültig satt! Also versteh mich nicht falsch; ich untersuche die Vater-Tochter-Beziehung nicht, um aufzuzeigen, was die bösen Väter (später dann die bösen Ehemänner und Partner) uns armen Töchter-Frauen alles angetan haben. Es gibt in diesen psychischen Bereichen keine Schuldfrage! Jeder und jede, ob Vater oder Mutter, tun das, was ihnen aus ihrer eigenen Geschichte heraus möglich ist.

Ich habe noch nie einen Vater angetroffen, der sich an seinem Schreibtisch einen Verhaltensplan erstellt hat, wie er seine Tochter am effizientesten schädigen könnte.

Auf dieser Welt geboren werden bedeutet, daß wir immer in irgendwelchen Belangen Fehler machen werden, und diese Fehler schädigen irgend jemanden, auch unsere Kinder. Mir geht es natürlich darum, möglichst viel aus der eigenen Geschichte zu erkennen und die entsprechenden Gefühle dabei wahrzunehmen. Das heißt, wir werden zunächst einen Schuldigen suchen, uns gegen ihn auflehnen, ihn anprangern, ihn mit unserer ganzen Wut konfrontieren. Und das ist gut so. Aber hinterher müssen wir alles fallen lassen und aufgeben, sonst bleiben wir in der Opferrolle fixiert und blockieren damit unsere eigene Gestaltungsenergie.

Aber ich will jetzt nicht nochmals in eine neue Gedankenrunde einsteigen.

Manchmal fällt es mir schwer, aufzuhören, mit Dir zu reden, mich mit Dir zu unterhalten.

Schlaf gut. Mein lieber, alter Freund.

9. Brief

Lieber Fabian,
Als habe der liebe Gott den Morgen auf die Stirn geküßt, so klar blickt der Himmel. Und jetzt in einen prallen Apfel hineinbeißen! Unsere Äpfel sind schon alle reif. Sie

hängen schwer an den Ästen. Einige sind heruntergefallen. Ich sammle sie ein. Was soll ich mit diesen vielen Äpfeln nur machen? Letztes Jahr haben wir oft zusammen herrliche Apfelkuchen gebacken. Erinnerst Du Dich? Oder wir ließen sie im Ofen schmoren und legten sie dann aufs Blaukraut. Kochen und backen für mich alleine? Das kommt noch nicht in Frage. Bevor ich aber wieder in die Sehnsucht nach wohliger Kuhstallwärme zurückfalle, springe ich in den nächsten Akt. Hier ist er:

3. Akt.

Die Trotz-Tochter: Ich spüre Widerstand, also bin ich

Heute möchte ich Dir von der Trotz-Tochter erzählen. Eine sehr spannende und faszinierende Variante, mit der fehlenden väterlichen Beantwortung fertig zu werden.

Zuerst richte ich mich wieder vor dem Kamin ein, mache Feuer und warte, bis sich die Bilder einstellen. Was ist ein Fernsehabend doch für eine langweilige Angelegenheit im Vergleich zur eigenen Phantasie! Kaum knistern die Flammen – schon sind die Frauen alle da.

Trotz-Töchter sind in der Regel kritische Beobachterinnen mit einer gut funktionierenden Denkfähigkeit. Sie rekrutieren sich nicht selten aus Akademiker-, Beamten- und Unternehmerfamilien, das heißt, dies ist der Beruf des Vaters. Die Mutter kann, ob höhere Schulbildung oder nicht, den Haushalt versorgen und sich an die LSD-Spielregeln «leiden-schlucken-dienen» halten. Das mütterliche Vorbild – wie auch immer – ist als Identifikationsmodell für diese Tochter ebenfalls in keiner Weise verlockend. Sie ahnt das viel zu enge Korsett, die Begrenzung, die dieses Dasein einschnürt. Die Energie ihres Geistes ist viel zu sprühend, als daß er sich in ein winziges

Parfümfläschchen einsperren ließe. Im Gegensatz zur Gefall-Tochter aber ist sie unabhängiger. Sie wagt Eigendrehungen, wagt Sprünge und Pirouetten, ob sie damit anderen gefällt oder nicht. Aber sie will zwei Dinge: nicht wie die Mutter werden und vom Vater oder einem Nebenvater Resonanz erhalten. Sie will durch das, was sie sagt, volle Aufmerksamkeit von ihm – ob Ablehnung oder Zustimmung ist gleichgültig.

Das Gefallen-müssen-Spiel kommt für sie nur bedingt in Frage. Sie setzt es allenfalls gezielt und punktuell ein, um etwas Bestimmtes zu erreichen, identifiziert sich aber niemals mit ihrem Verhalten. Sanfte Manipulation liegt ihr weniger, sie schafft lieber schnell klare Verhältnisse und verspürt wenig Lust dazu, sich möglichst gefällig anzubiedern. Auch durchschaut sie das Gefallen-wollen-Programm als etwas, das weit unter ihrer Würde steht. Vielleicht hat sie es sogar einmal ausprobiert und hat sich damit derart lächerlich gemacht, daß sie zukünftig auf derlei Albernheiten verzichtet. Sie hat schließlich ihren Verstand, und den will sie kritisch einsetzen.

Sie wird nicht wie die Leistungs-Tochter vom Vater gefördert, sondern sie ringt und zwingt ihm seine Aufmerksamkeit ab. Sie ist also kein ruhiges, pflegeleichtes und artiges Kind. Sie hält Spielregeln nicht ein. Sie opponiert, wo immer sie kann. Sie kritisiert seine Weltanschauung und analysiert mit scharfem Blick seine Lebensführung. Sie kreist die wundesten Punkte gezielt ein und hält sie ihm unter die Nase. Mit diesen Aktionen ruft sie ihn auf den Plan. Wird sie von ihm bestraft, ist ihr das völlig egal. Streitet er mit ihr, gibt es ihr ein gutes Kampfgefühl. Sie lernt blitzschnell, den Gegner wendig in eine Ecke zu treiben, um ihn dann, mit einem schnippischen, aber ehrlichen Satz – Aug in Aug – schachmatt zu setzen. Das ist letztlich ihr Ziel. Dennoch geht es ihr aber nicht so sehr um den Sieg. Sie will den Gegner-Vater dazu zwingen, sie nicht nur wahrzunehmen, sondern ihr zuzuhören und sie auch noch ernstzunehmen. Sie behauptet sich im Widerstand, lernt wie keine andere, in der Gegnerschaft ihre intellektuellen Klingen zu wetzen. Ihr Kernsatz lautet: «Ich spüre Widerstand, also bin ich.»

Sie identifiziert sich mit der väterlichen Welt, in dieser findet sie die entscheidenden Anziehungspunkte. Sie boxt sich mit allen ihr zur Verfügung stehenden Mitteln in die Welt des Vaters, des Großvaters, des Nebenvaters, sie erprügelt sich Zutritt zum aufregenden Leben ihrer Brüder, dort will sie mitmischen, aufgenommen werden, dort, wo das wirkliche Leben stattfindet – und nicht zu Hause bei der Mutter. Sie lernt deshalb vor allem mit verbaler Taktik, mit gezielten intellektuellen Strategien, sich Zugang zur männlichen Welt zu verschaffen. So wird sie bald eine Meisterin in linkshemisphärischer, logischer, analytischer Gedankenführung.

Wenn der Vater ausschließlich mit der intellektuellen Steinschleuder in den Kampf gezogen ist, wird sie von ihm das erfolgreiche Handwerk gründlich erlernen und es zur Meisterschaft bringen. Sie wendet diese *Methode* zuerst gegen den Vater und seine Lebensansichten an, später dann wird sie sie selbstverständlich auf ihre weiteren Lebensbereiche ausdehnen.

Aus diesem Frauentypus rekrutieren sich hervorragende Rhetorikerinnen – es ist eine Freude, ihnen zuzuhören. Ihre Reden sind entweder außerordentlich leidenschaftlich, niemals aber gefühlsdurchtränkt wie bei der Gefall-Tochter, oder klar und beängstigend messerscharf. Sie bringen ihre Gegner schon deshalb ins Schwitzen, weil sie auf jegliches Zubehör von Höflichkeitsfloskeln völlig verzichten. Mit einigen gezielt gesetzten, scharfen Schwertschlägen eröffnen sie das Gefecht, ihre Rede ist offensiv und respektlos, von Widerstand gestählt, was ihr eine beinahe unschlagbare Kraft verleiht. Sie setzt ihre gesamte Energie im Kampf ein. Sie benötigt also nicht wie die Gefall-Tochter die Hälfte der ihr zur Verfügung stehenden Energie für das aufwendige Gefallengehabe, sondern schöpft aus dem vollen. Kümmert sich die Trotz-Tochter dennoch um ihr Äußeres, so ist dies in seiner Wirkung außergewöhnlich. Viele Trotz-Töchter setzen ihr äußeres Erscheinungsbild ebenfalls in den Dienst der Provokation. Entweder ist sie äußerst attraktiv, geht aber mit einer Selbstverständlichkeit damit um, daß es jeden verunsichert. Sie zupft also nicht unentwegt an ihren Klamotten herum. Sie schaut nicht immer wieder in den Spiegel, um allfällige Korrekturen vorzunehmen wie die Gefall- und die Erfolgs-Töchter, die möglichst allen gefallen wollen, sondern sie hält Hof. Sie weiß, daß sie gefällt. Oder aber sie wählt das Gegenmodell und rennt in einer Aufmachung herum, die mit Sicherheit niemandem (vor allem nicht den Vätern!) gefällt. Dann verzichtet die Trotz- und Kampftochter auf jegliches Attribut, das sie weiblich-attraktiv erscheinen ließe. Jeder, der sich entsetzt von ihr abwendet, ist für sie ein Erfolg.

Gerät man mit einer Trotz-Tochter in eine persönliche Auseinandersetzung, vergeht einem das Lachen schnell. Da sie ja weder durch angepaßtes Verhalten noch durch ihre Ansichten und Meinungen auf Zustimmung stoßen will, ist jeder Satz eine Provokation. Sie malt entweder in schwarz oder weiß, die Fein- und Zwischentöne fehlen. Der Zugang zu ihren eigenen Gefühlen ist für sie nicht unproblematisch. Der Trotz, der Kampf, der Widerstand sitzen wie Wachposten an der Pforte zu ihrer Gefühlswelt. Sie kann zwar sehr spontan und herzlich sein, kann Begeisterung durchaus zeigen, ihre Verletzlichkeit hingegen offenbart sie kaum. Schwäche zulassen und zeigen würde ihren Kampfgeist schmälern, und das kommt für sie nicht in Frage. Sie hat es deshalb auch schwer, sich in die Schwächen und die Verletzlichkeit anderer einzufühlen.

Da startet sie denn eher zu wahren verbalen Höhenflügen durch, bespöttelt, macht ihr Gegenüber lächerlich, knackt zynisch und sarkastisch die Schwächen ihres Kontrahenten auf. Andere vor den Kopf zu stoßen oder gar zu verletzen gehört zu ihrem täglichen Brot. Das heißt aber nicht, daß sie selbst eine seelische Hornhaut besäße. So unzimperlich sie sich nach außen gibt und sie gegen andere vorgehen kann, so empfindlich ist sie dennoch in bezug auf eigene Verletzungen. Aber darüber spricht eine typische Trotz-Tochter nicht. Wird sie von plötzlichen Emotionen heimgesucht, was ihr gelegentlich bei Kränkungen widerfahren kann, rennt sie lieber aus einer Besprechung heraus. Niemals zeigt sie vor anderen Tränen! Das wäre eine einzige Niederlage. Niederlagen, unterliegen (unten liegen) jedoch ist für sie nur dann möglich, wenn der Partner keinerlei Anlaß gibt, sie im Widerstand herauszufordern.

Die Trotz-Tochter und die Liebe; unten liegen
kommt nicht in Frage

Es kommen deshalb nur Partner in Frage, die sehr einfühlend sind und die in sich sehr viele weibliche Qualitäten integriert haben. Der Partner lebt, ebenfalls wie bei der Leistungs-Tochter, stellvertretend für sie weibliche Prinzipien. Er ist fürsorgend und sehr einfühlsam, bewahrend, empfangend und aufnehmend. Er gleicht ihre Härte aus, er besänftigt ihren unermüdlichen Kampfgeist, nicht selten tritt er als Vermittler auf, schlichtet und trägt dazu bei, daß die Trotz-Tochter, falls sie zu scharf geschossen hat, nicht von ihren Kontrahenten abserviert wird. Diese

Konstellationen erinnern an traditionelle Verhältnisse: Er bellt, greift an, beißt gelegentlich heftig zu, und die Krankenschwester-Frau eilt mit dem seelischen Sanitätsköfferchen hinterher und pflegt die Wunden. Die Gefahr in diesen Partnerschaften besteht darin, daß sie immer noch trotziger, angriffslustiger wird, und er immer lieblicher. Beide machen keinen Entwicklungsprozeß durch und stagnieren.

Sehr wohl fühlt sich die Trotz-Tochter mit einem getarnten Trotz-Sohn. Er hat eine ungelebte Trotzkomponente, die er an die Trotz-Partnerin delegiert. Sie ficht stellvertretend für ihn die Kämpfe aus. Hat der Partner z. B. einen sehr autoritären Vater, gegen den er sich niemals wagen würde aufzulehnen, so übernimmt die Trotz-Partnerin diese Partitur. Er bewundert sie deshalb unumwunden, stützt sie in allen Kampfaktionen, ohne selbst öffentlich Widerstand zu bekunden.

Im Gegensatz zur Leistungs-Tochter würde die Trotz-Tochter sich aber niemals auf jene langanhaltenden, leidvollen Beziehungskonstellationen einlassen. Vielleicht vorübergehend, aber nicht als Dauerbrenner. Sie weiß viel zu genau, was sie will, und ist nicht bereit, irgendeinen Kuhhandel einzugehen.

Das Liebesleben ist für die Trotz-Tochter nicht unproblematisch. Theorie und Realität klaffen nicht selten weit auseinander. Theoretisch strebt sie nach totaler Offenheit in der Partnerschaft, Eifersucht sind Gefühle für die Kleinkarrierten, nicht für sie. Oft überfordert sie sich mit diesen Ansprüchen und gerät in diffuse Schwierigkeiten, die sie nicht verstehen kann. Die freigesetzte Dynamik wird sie wiederum als Kampfelixier für weitere Kämpfe umwandeln. Denn die Trotz-Tochter ist leidenschaftlich, und ihre starken Emotionen bindet sie in heftiges Engagement für oder gegen etwas.

Nicht selten findet man Partnerschaften, die statt ihrer Sexualität dem gedanklichen Geschlechtsakt frönen und – genießen.

Hat sie einmal ihren Standpunkt eingenommen, sagt sie den Gegnern entschieden und in aller Konsequenz den Kampf an. Nichts lieber als das. Ich spüre Widerstand – also bin ich!

Diese Aktionen zeigen deutlich, wie diese vom Vater einst vergessenen Töchter versuchen, den Schmerz der Nichtbeantwortung in Schach zu halten. Sie sind grundsätzlich die Streitbaren, die alles und alle in Frage stellen. Ihre Sätze beginnen in der Regel mit «nein» oder mit «ja, aber».

Geeignete Kampffelder und wie die Wut nachwächst

Es sind die unverfrorenen Revolutionärinnen, die für die Sache der Frau genauso hartnäckig und unermüdlich kämpfen wie für die Aidskranken. Die Ultralinken, die grundsätzlich keine Bananen mehr essen, die grundsätzlich ihr Gehaltskonto nur bei Banken führen, die nicht mit Südafrika verkehren. Es sind die Friedensfrauen, die allen den Kampf ansagen, die nicht ihrer Meinung sind, sowie die radikal Ewiggrünen, die Supergesunden, die sich weigern, in einem Büro zu arbeiten, dessen Boden mit einem 15%ig synthetischen Teppich ausgelegt ist. Sie gehen unter Umständen bis vor das Bundesgericht. Diese Töchter haben viel zu tun! Und sie können weiß Gott froh darum sein, soviele Nebenschauplätze zu finden, um ihre Wut abzuführen. Sie verpulvern ihre Energie an Behörden, Ämter, Gerichte und sind auch privat nimmermüd in Streitereien und Kampfdispute verstrickt. Sie setzen ihre ganzen Kräfte ein und kämpfen ungebrochen für Kranke, für Schwache und für Randgruppen. Ihre ganze Empörung über den unerreichbaren Vater wird in kleinen Trotzraten an den stellvertretenden Vätern ausgelassen. Das Dumme daran ist, daß die Empörung wie eine Wucherung nachwächst. Deshalb müssen sie stets nach neuen Gelegenheiten Ausschau halten, bei denen sie sich von ihrer Empörungsenergie zwischenzeitlich befreien können. Es ist nicht verwunderlich, wenn nach Beseitigung des 15%igen Synthetikteppichs der Kampf um die Beleuchtung aller Arbeitsräume mit Sparlampen losgeht. Oder wenn vom Engagement für Drogenabhängige auf aktuelle Themen wie Aids und was-noch-alles-folgen-kann umgestiegen wird. Auch hier verpulvert die vergessene Trotz-Tochter ihre gesamte Energie und gelangt nie an ein Ziel. Sie hat es besonders schwer, ihre eigene Problematik darin zu erkennen, sind doch die Bereiche, in welchen sie sich stark macht, auch objektiv kritik- und kampfwürdig. Die Trotz-Tochter ist unbequem, kämpft zäh und beharrlich. Stets ihrer Devise treu: Ich spüre Widerstand – also bin ich.

Trotz-Töchter können durch ihren unermüdlichen Einsatz sehr erfolgreich werden, vorausgesetzt, sie verhindern den Erfolg nicht selbst, indem sie allem und allen den Kampf ansagen. Sie sind hartes Arbeiten gewöhnt, der Widerstand hat sie stark gemacht.

Als Politikerin ist sie radikal. Keine Kompromisse, keine Marathonsitzungen. Sie weiß, was sie sagen will, und sagt es ohne Umschweife, klipp und klar. Sie bekämpft alles, was nicht mit ihrer Ideologie übereinstimmt. Da sie sich nicht in die Situation des Gegners einfühlen kann, schießt sie mit ihren Argumenten auch oft an ihm vorbei – und damit ins Leere. Nicht selten erleidet ihre Karriere mitten im Aufschwung einen Knick: zu hart geschossen, zu unerbittlich gekämpft. Sie nimmt diese Niederlage zur Kenntnis – und wird weiterkämpfen. Also mit anderen

Worten, sie lernt aus ihren Fehlern überhaupt nicht oder nur sehr schwer.

Als Feministinnen sind sie unerbittlich. Sie wollen nicht noch lange herumfackeln, sich noch lange um Verständigung bemühen. Sie streben weder Harmonie noch Versöhnung an, sie wollen endlich Gleichberechtigung, nicht schrittweise, sondern sofort und zwar mit Kampf. Sie sind bereit, schwierigste Umstände und Anfeindungen auf sich zu nehmen und weiterhin engagiert und überzeugt für ihre Sache einzutreten. Es sind die unerschrockenen Vorreiterinnen, die unermüdlich ihre gebündelte Kraft für die Emanzipation der Frau einsetzen, ohne die es keine Frauenbewegung geben würde.

Als Psychotherapeutinnen sind Trotz-Töchter unbestechlich. Sie lassen sich durch keinerlei narzißtische Feinkost davon abhalten, mit ihrer analytischen Taschenlampe die hintersten, verstaubten Ecken erbarmungslos auszuleuchten. Klienten fühlen sich bei ihr nicht unbedingt wohlig gebettet in einfühlendes Verständnis, sondern herausgefordert, endlich der Wahrheit ins Auge zu blicken – auch wenn es unangenehm ist. Sie sind also direktiv, sprechen das, was sie denken ohne Umschweife aus. In ihrer therapeutischen Arbeit sind sie vor allem dort sehr hilfreich, wo klare Strukturen für das Gelingen einer Therapie unabdingbar sind, wie z.B. in der Suchttherapie. Schreiben sie Fachbücher, haben sie ebenfalls Erfolg. Dieser stellt sich aber nicht deshalb ein, weil sich die Leserschaft so gut verstanden fühlt, sondern weil sie unbequeme Wahrheiten verkraften muß. Die Trotz-Tochter mutet zu, sie schont nie, sie provoziert und erreicht dadurch, daß oft Altes, Verkrustetes lawinenartig in Bewegung gerät. Die Trotz-Tochter-Autorin wird heiß geliebt oder abgrundtief gehaßt. Geliebt wird sie von jenen, die froh darum sind, daß endlich jemand es wagt, ihnen die Wahrheit mit einer solchen Klarheit vor Augen zu führen, daß es ihnen beinahe übel wird, die aber gerade dadurch beginnen, ihr Leben zu verändern – was sie schon seit Jahrzehnten wollten. Abgelehnt wird sie von all jenen, die sich nicht durch Streß und Provokation öffnen können, sondern nur im wohligen Klima von Verständnis und Einfühlung.

Das größte Problem für die Trotz-Tochter könnte darin bestehen, daß sie bis ans Lebensende weiterkämpfen muß. Daß sie nie zur Ruhe kommen kann, niemals innehalten kann, um sich über das Erreichte herzhaft zu freuen. Denn sie erfreut sich ja nicht an dem durch Leistung Erreichten, sondern am Widerstand, der ihr das Gefühl verleiht: ich bin.

Also, ich muß Dir ganz ehrlich gestehen, daß mich die typische Trotz-Tochter am meisten fasziniert. Es ist für mich ein reines Vergnügen, eine Fernsehdiskussion zu verfolgen, bei der eine Trotz-Tochter mitwirkt. Sie ist die Schlagfertigste, wunderbar respektlos verteilt sie ihre Hiebe. Für männliche Diskussionspartner gerät die Welt aus den Fugen, – da sie gewohnt sind, in der Regel einer Gefall-Tochter-Frau gegenüberzusitzen, deren Intelligenz dadurch beeinträchtigt wird, daß sie ihre Beine möglichst attraktiv hindrapieren muß. Es ist eine Freude, zu sehen, wie solche Männer zunächst versuchen, ihre Verunsicherung im alten Spiel «Na Mädchen, jetzt schraub Dich mal ein bißchen runter» zu kaschieren, und dann verblüfft sind, daß kein freundlich-dankbares Nicken zurückhuscht, sondern ein unverblümtes: «Na Bübchen, jetzt zeig, was Du kannst.» Sitzt auch eine Leistungs-Tochter-Frau in der Diskussionsrunde, so wird sie versuchen, die Attacke der Trotz-Tochter zu relativieren. Schließlich soll der Papi Freude an uns Frauen haben!

Um diesem Vergnügen beizuwohnen, muß ich allerdings fremdgehen. In der Schweiz haben wir leider nur ganz wenige dieser herrlichen Figuren – im Gegensatz zu Deutschland. Wo dort die Frauen in den Kampf ziehen, mutig und rotzfrech widersprechen, sind in der schweizerischen Spielzeuglandschaft derartige Töne kaum oder nur selten zu hören. Nicht daß es hier in der Schweiz keine Trotz-Töchter gäbe!

Wie die Trotz-Tochter Iris von Roten ihre innere Bühne nach außen verlagert – und daran zugrunde geht
Eine der eindrücklichsten Gestalten ist Iris von Roten-Meyer (1917–1990). Sie liefert das tragische Psychogramm der Trotz-Tochter. Hochbegabt, mit einem brillianten Verstand ausgerüstet und an ihrem eigenen Widerstand zugrunde gegangen: Sie erhängte sich 73jährig.

Iris von Roten, promovierte als Juristin, steckte einen Mißerfolg nach dem anderen ein. Als Journalistin kämpfte sie unerbittlich für die Rechte der Frau, sie provozierte, rüttelte auf, schrieb zehn Jahre an einem feministischen Manifest, das einzigartig ist – und blieb erfolglos. Sie litt ihr ganzes Leben unter Schlaflosigkeit. Mit sechzig malte sie Lilien. Mit 73 trat sie freiwillig ab. Was ist mit dieser Frau geschehen? Wenige Daten werfen Licht in die Tragödie:

Die Mutter: Diese scheint eine Kälte auszustrahlen, daß «man am liebsten gleich wieder geht», so die Autorin Y.-D. Köchli in einer Biographie über Iris von Roten. Obwohl Köchli lediglich Zitat auf Zitat türmt und die Leserin ratlos vor einem Berg journalistischer Fleißarbeit zurückläßt, erahnt man durch das reichhaltige Bildmaterial, das den Text ergänzt, dennoch die Tragödie, die sich im Leben der Iris von Roten abgespielt hat. Die Mutter wird als eine leblose Träumerin dargestellt, «die stundenlang, eine stumme Mandoline in der Hand, in einer blätterumrankten Laube sitzt». Das Photo fährt unter die Haut. Was hat sich in dieser Frau abgespielt? Litt sie etwa unter Depressionen? Die Frau des frühen 20. Jahrhunderts hatte keinerlei Möglichkeiten, sich individuell nach ihren Fähigkeiten zu entfalten. Die von Freud beschriebene Hysterie der Frauen war oft das einzige Ventil, Gefühle aus dem inneren Gefängnis heraus zum Ausdruck zu bringen – wo sie wiederum nicht verstanden, sondern von männlichen Psychiatern behandelt wurden. Die andere Verarbeitungsmöglichkeit bestand darin, diese Impulse einzufrieren und, als Preis dafür, leblos zu werden. Iris, das hochbegabte Kind, kann von einer solchen Mutter, die sich selbst abhanden gekommen ist, gefühlsmäßig nicht gespiegelt werden. Schlimmer noch. Zunächst erlebt sich ja das Kind als eins mit der Mutter, als etwas Zusammengehörendes. Das Kind verfügt über höchst sensible sensorische Antennen und nimmt die versteinerte Mutter als Teil seiner selbst auf. Und diese wird es nicht mehr loswerden. Somit ist auch für Iris der Zugang zu ihrer Gefühlswelt weitgehend versperrt. Der emotionale Mangel vererbt sich in diesem Falle matrilinear. Was macht nun ein begabtes, aufgewecktes Kind, dem die elementare Sicherheit im Gefühlsleben fehlt? Es kompensiert. Kein Kind kann es sich leisten, sich auf eine Welt einzulassen, die zu spüren sich kalt anfühlt, um daran zu verzweifeln. Kinder müssen überleben, wenigstens körperlich. Iris überlebt, bündelt ihre ganze Energie im Kopf, wird hellwach, überwach und beobachtet alles messerscharf. Für diese Kinder ist der Ausweg in den Verstand die einzige Überlebensstrategie. Die Kopflastigkeit zeigt sich später darin, daß sie keinen Schlaf finden kann. Es gelingt ihr nicht, sich vertrauensvoll in den Schlaf fallen zu lassen, sich dem Dunklen, Mütterlichen hinzugeben, denn dort ist für Iris die versteinerte Mutter.

Der Vater scheint warmherzigere Züge zu haben. Er ist zunächst Postbote. Dann bildet er sich zum Ingenieur aus. Seine berufliche Karriere jedoch will ihm nicht gelingen, er bleibt bis in späte Jahre erfolglos. Was bedeutet das für Iris? Zweifellos versucht sie, die fehlende Emotionalität zunächst mit dem Vater auszugleichen. Er beantwortet sie aber ungenügend, zu sehr ist er mit sich selbst und seiner beruflichen Misere beschäftigt. So bleibt sie weitgehend vom Vater und von der Mutter in ihrem Wesen ohne Resonanz. Das heißt, immer wenn sie in den Spiegel schaut, um gespiegelt zu werden, kommt kein Bild zurück. Daran könnte man ver-rückt werden! Hätte Iris nicht diesen hellwachen, sprühenden Geist besessen, hätte sie sich mit weniger abgefunden. So aber ballt sich in dieser Situation eine enorme Ladung Empörungswille zusammen, die sich später gegen sie richten wird.

Nebenvater: Ein Bruder ihres Vaters kümmert sich, als sie älter wird, mit großem Interesse um sie. Er fördert sie, wo immer er kann. Sie bekommt von ihm die lang ersehnte Aufmerksamkeit. Doch der Schaden ist bereits zu groß, als daß sich diese Beziehung für Iris heilend auswirken könnte. Sie schreibt später: «Die Beziehung zu Dir hat mir mehr geschadet als genützt.» In welcher Weise sie ihr geschadet hat, bleibt offen. Frauen mit der Beantwortungswunde bleiben lebenslang seelisch behindert und sind anfällig für jede Krücke. Sie heiratet einen Mann, der zunächst die schrecklichen Wunden etwas zu stillen vermag. Aber es bleiben Trostpflästerchen. Er verfügt über das, was ihr fehlt: eine mildere Gangart. Er unterstützt sie in allem, was sie tut. Er setzt sich für sie ein, schreibt Briefe an Verleger, um diese zu bewegen, ihre Manuskripte zu drucken. Ja, er stellt sogar Mitbeteiligung an den Druckkosten in Aussicht. Sein Verhalten erinnert an eine liebende, zudienende, die Karriere bedingungslos unterstützende Ehefrau, die ihren Gatten, den sie über alles bewundert, fördern will. Rollentausch.

Iris wird selbst Mutter einer Tochter. Sie weigert sich zu stillen. Matrilineares Vermächtnis? Der Umgang mit dem Kind bringt sie in große Konflikte, die sie aber in journalistischem Engagement «berufstätige Frau und Mutter» versucht zu bewältigen.

Ihre ganze Arbeit gilt den Rechten der Frau. Sie kämpft als Journalistin, als Juristin bleibt sie brotlos, sie kämpft als private Frau. Wo immer sie auftaucht, provoziert sie und kämpft sie. Ich spüre Widerstand, also bin ich. Ihr Leben führt besonders deutlich vor Augen, mit welch verhängnisvoller Konsequenz Frauen oft ihre innere Not verdrängen und sie auf eine äußere Bühne verlagern. Bei Iris von Roten ist es die feministische. Sie kämpft unermüdlich und wie besessen für die Rechte der Frau. Es sind jene Rechte, die ihr selbst vor allem in ihrer inneren Welt via Mutteridentifikation abhanden gekommen sind. Im Grunde genommen gilt ihr Kampf der Integration ihrer Weiblichkeit, ihrer Gefühle, die ihr verschlossen sind. Die Verlagerung der inneren Problematik auf die äußere Bühne ist für viele Trotz-Töchter typisch. Iris von Roten ist eine der tragischsten feministischen Vertreterinnen mit dem Trotz-Psychogramm. Sie wurde nämlich weder von der äußeren noch von der inneren Bühne erlöst, sie ist daran zugrunde gegangen. Ihr Kampf, ihre Empörung, erwachsen aus ihren frühen Verletzungen, hat sich letztendlich gegen sie selbst gerichtet.

Oft sägen Trotz-Töchter virtuos an jenem Ast, auf dem sie sitzen. Sie legen sich quer über den eigenen Lebensfluß und verhindern, daß ihre Anlagen zur Blüte gedeihen. Iris von Roten wollte alles selbst bestimmen, hat gegen alles und alle verbissen gekämpft – auch gegen sich selbst. Dabei hat sie ihre größere Lebensintelligenz erstickt. Nicht einmal ein volles Jahr war nach ihrem Tode vergangen, als ihr einst erfolgloses Werk verlegt und – zum Bestseller – wurde. Mit ihrem Hinscheiden wurde der Weg zum Erfolg frei. Sie stand sich mit ihrem Widerstand selbst im Weg. Den größten Kampf hat sie gegen sich selbst geführt – und ihn verloren.

Wir könnten an ihrem Beispiel lernen, daß sich zwar vieles vom Leben abtrotzen läßt, selbst der Tod.

Damit aber verhindern wir, daß jene Kräfte wirksam werden, die einer größeren als der menschlichen Intelligenz folgen. Der Apfel fällt im Herbst von selbst vom Baum, wie schade, wenn er voreilig gepflückt wurde und nicht zur letzten Süße reifen konnte.

Die getarnten Gefall-, Leistungs- und Trotz-Töchter
Selbstverständlich wirst Du behaupten, daß es auch andere Exemplare gibt, die alles andere als brilliante, scharfdenkende Rhetorikerinnen seien. Du wirst mich auf Frau Nagenstör hinweisen, unsere ewig-nörgelnde Büronachbarin. Entweder bemäkelt sie, das Klo würde zu wenig oder zu oft geputzt. Du wirst mich auch auf Frau Nidhöcker aufmerksam machen – Du erinnerst Dich? Sie wohnte in jener unglückseligen dünnwandigen Ferienwohnung neben uns. Wir hörten jedes Wort und kamen dadurch in den Genuß eines einwöchigen Anklage-Hörspiels gegen alles und jeden. Ihr Mann tat uns leid. Du hattest Phantasien, dieses schreckliche Weib bei Nacht und Nebel zu erlegen. Du maltest Dir aus, daß die Todesbotschaft für Herr Nidhöcker die einzige freudige Nachricht in seinem Leben wäre und er endlich wieder einmal lachen könnte.

Du siehst, ich habe nichts vergessen!

Du hast also durchaus recht, es gibt sie tatsächlich, die Trotz-Töchter, die überhaupt nicht in das von mir skizzierte Bild hineinpassen. Sie sind zwar genau so trotz-durchsetzt, sind gegen alles und alle und leisten überall Widerstand. Der Unterschied aber besteht darin, daß sich die Empörungsenergie nicht etwa aufrichtet und in kritischem Denken mündet, sondern auf halbem Weg steckenbleibt und als negative Grundhaltung zum Ausdruck kommt. Mit diesen unzufriedenen Trotz-Tanten vergeht einem das Lachen und die Freude am Leben. Sie sehen immer nur das Haar in der Suppe. Sie fühlen sich immer als die Zukurzgekommenen und untersuchen jede Situation, um sich ihre These zu bestätigen. Sie sorgen stets dafür, anderen die Lebensfreude zu vergällen. Als Partnerinnen sind solche Frauen wahrhaft ein Kreuz. Jeder Ehemann würde erleichtert aufatmen, wenn seine Frau diese destruktive Schleichenergie in irgendeinem politischen Amt in hartnäckiges Engagement umsetzen würde. Als Mitarbeiterinnen sind diese Frauen die chronisch Unzufriedenen, die auch durch eine fette Gehaltserhöhung nicht zufriedenzustellen sind. Als Zuhörerinnen in Vorträgen melden sie sich hinterher in der Diskussion zu Wort, um ihr Negativ-Weltbild allen schmackhaft zu machen. Sie greifen meist undifferenziert etwas aus dem Vorgetragenen heraus, um auch da aufzuzeigen, daß das alles nichts gebracht hat. Sich auf solche Beiträge einzulassen hat wenig Sinn. Es ist, als pulsiere in diesen Frauen ein permanent bitterer Blutstrom. In der Mutterrolle sind solche Frauen katastrophal, denn sie versuchen ihre Kinder davon zu überzeugen, daß die Welt grundsätzlich schlecht ist. Es schiebt sich wie eine dunkle Wolke über ein freudiges Kindergesicht, das begeistert über seine liebsten Freunde erzählt hat: «Wart nur ab, auch diese werden dich einst enttäuschen!» Sie stechen in jede Freude wie mit einer Nadel in einen Ballon und lassen unerbittlich das Schöne, das Heitere, das, was belebt und freudig macht, schrumpfen.

Es sind die ewigen Ja-aber-Sagerinnen, die Nein-Sagerinnen, die Negativen und Destruktiven, die Unzufriedenen, die Nörglerinnen, die Miesmacherinnen, die Spielverderberinnen – kurz die Freudlosen vom Dienst.

Dahinter steckt nochmals eine typische Frauentragödie. Diese Frauen beabsichtigen nämlich in keiner Weise, den Menschen in ihrer Umgebung bewußt die Freude am Leben zu vermasseln, sondern sie illustrieren mit ihren Äußerungen, wie es in ihrem Innern aussieht und wie es sich anfühlt. Jeder Empörungsimpuls, der eigentlich wie eine Rakete gen Himmel starten möchte, wird bereits beim Start abgebremst, die Energie knickt und sinkt in die Startposition zurück. Und dort müssen die jeweiligen Inhaberinnen sehen, wie sie damit klarkommen. Sie sind wie in einem Vakuum gefangen und finden meist nur noch ein dünnes Ventil, wo sie den Überdruck loswerden können. Die Stimme, bei vielen trotzgestaut und in der Fülle reduziert, zirpt in hohen Kopftönen durch die verengten Windungen ihrer Wut.

Ein geeignetes Sprachrohr findet die getarnte Trotz-Tochter in der offiziell Trotzenden. Diese bewundert sie uneingeschränkt und klemmt sich dicht hinter ihre Aussagen. Sie zitiert sie gerne und oft, würde aber nie wagen, von Angesicht zu Angesicht eigene Empörungsworte klar und offen zu formulieren – und dazu zu stehen.

Hier muß ich nochmals auf Iris von Roten zurückgreifen. Es ist sicher kein Zufall, daß sich eine Autorin mit dem typischen Psychogramm einer Trotz-Getarnten dazu berufen fühlt, das Leben dieser unerschrockenen und mutigen Frau nachzeichnen zu wollen. Sie schwingt sich auf den Rücksitz der unverfrorenen Auflehnung Iris von Rotens, und zitiert sie pausenlos. Sie bezieht keinen eigenen, kritischen Standpunkt, sondern identifiziert sich mit ihrem Vorbild. Gelegentlich doppelt sie nach, zaghaft allerdings, stets im Windschatten der bewunderten Trotz-Schwester. Da eine Getarnte ebenfalls nur schwer Zugang zu ihrer Gefühlswelt findet, bewundert sie die Abwesenheit der Gefühle bei ihrer Trotz-Schwester unumwunden. So bemerkt die Biographin nicht, daß ihre Protagonistin leblos durch das Buch geistert. Ungewollt zeichnet sie das Bild einer monströsen Frau nach, und die alten Gegner der Iris von Roten fühlen sich in ihrem Vorurteil über diese angeblich kaltherzige Frau vollkommen bestätigt. Getarnte Trotz-Töchter laufen Gefahr, Eigentore zu schießen. Selbst wenn sie sich feministisch engagieren, sorgen sie dafür, daß das Lager der Feministinnen gespalten bleibt. Vor allem bekämpfen sie heimlich ihren Gegentypus, die Gefall-Tochter-Frau. Hat diese etwas, was sie gerne möchten und nicht erreichen können, greifen sie unverhohlen zur Entwertung und zum Miesmachen. Da sie das offene Wort scheuen, haften ihnen jene Eigenschaften an, die Männer oft als Beweis dafür anbringen, daß sich alle Frauen grundsätzlich feindlich gesonnen sind. Verfügt die Trotz-Tochter meist über virtuose Kampfstrategien, um ihrer nicht ausgelebten Gefühlswelt Luft zu verschaffen, so hat die Getarnte nichts derartiges.

Die getarnte Trotz-Tochter ist meist in ihrem Äußeren ebenfalls trotzgetarnt. Sie provoziert nicht durch umwerfend gutes Aussehen, auch stutzt sie weder die Haare auf einen kurzen roten Borstenschnitt, noch läßt sie diese wurzelmähnig wuchern, sondern bringt ihre Empörungshaltung zaudernd, versteckt zum Ausdruck. Während die Trotz-Tochter selbstverständlich Frauen in die Politik wählt, findet zwar die Getarnte, es müßten mehr Frauen gewählt werden; kommt es aber darauf an, wählt sie selbstverständlich einen Mann – ganz nach altem Muster –, und das wiederum verzeiht ihr die Trotz-Tochter nicht.

Die Getarnte würde also niemals wagen, offen in Opposition zu treten. Sie vermeidet auch direkte Konfrontationen. Ihre einzige Waffe, ihre Wutenergie abzuführen, ist die Intrige, das Hintenherum-Miesmachen. Sie ist also ständig in irgendwelche Intrigen verstrickt. Sie heizt hintenherum eine Fehde noch etwas an, gießt Öl ins Streitfeuer, verbündet sich bei günstigem Wind sofort mit Gegenstimmen, ohne aber offen dafür einzustehen. Das ist eigentlich das Negativ-Bild, frauenfeindliche Männer applaudieren dazu.

In einer Auseinandersetzung fühlst Du Dich von der Trotz-Tochter geohrfeigt, und Du bist zum Kampf aufgefordert. Die Attacken der getarnten Motz-Tochter fühlen sich hingegen an, wie wenn Dich ein kleiner Straßenköter von unten herauf angepißt hätte. Der Gestank haftet noch lange in den Klamotten.

Was für eine Tragödie dahintersteckt, interessiert niemanden. Die getarnte Trotz-Tochter durfte nicht einmal den Widerstand als Beantwortung herausfordern. Sie wurde bereits schon vorher in ihrem Empörungsgefühl abgewürgt, mußte so tun, als ob sie es nicht hätte. Chancenlos, vom Vater irgendeine Resonanz zu erhalten!

Mein Gott, Fabian, meine Augen brennen, ich bin müde. Aber innerlich dreht und kurbelt es, daß die Funken sprühen, unmöglich, jetzt, mitten im Leben, aufzuhören, um mich bequem ins Bett zu legen und vor mich hin zu schnarchen. Ich muß mich wohl durch die Nacht hindurchschreiben, also weiter geht's ...

So wie es unter den Trotz-Töchtern getarnte gibt, so findest Du auch bei den Gefall-Töchtern und den Erfolgs-Töchtern die entsprechenden Tarnformen.

Die getarnte Gefall-Tochter betreibt ebenfalls einen erheblichen Aufwand für ihr Äußeres. Der Unterschied zu der ungetarnten besteht jedoch darin, daß ihre Bemühungen für Außenstehende kaum wahrnehmbar sind. Sie kann ebenso eine geschlagene Stunde für ihr Make-up aufwenden. Während bei der Ungetarnten, die ganz freimütig um Gefallen und Begehrtwerden buhlt, ihr Anliegen farbig und unverblümt ins Gesicht springt, ist bei der getarnten Gefall-Tochter nichts derartiges zu entdecken. Sie sieht nach dem Schminkvorgang genauso unscheinbar aus wie vorher. Während die eine ganz offensichtlich alles daran setzt, die Aufmerksamkeit auf sich zu lenken, und alle Verführungskünste auf den Plan ruft, kann sich das die andere nicht leisten. Sie möchte zwar gleichermaßen gefallen und begehrt werden, aber sie muß die Notwendigkeit dieser Resonanz kaschieren und tarnen. Diese getarnten Töchter wählen dann auch mit Vorliebe Tarnfarben. Sie kann sich mit viel Hingabe und Fleiß ein leichenfarbiges Baumwollpullöverchen häkeln, das, wie sie sagt, zu allem paßt. Dann betrachtet sie sich nach Fertigstellung darin stundenlang im Spiegel und macht sich Gedanken darüber, ob der leichte halsfreie Ausschnitt nicht zuviel von ihrem nicht vorhandenen Busen preisgibt.

Das alles ist eine ziemlich schwierige Angelegenheit, und Du kannst Dir sicher vorstellen, daß diese zwiespältigen Anliegen zu größten Problemen führen müssen. Wie kann sie nun mit dieser inneren Spannung fertig werden? Sie muß so tun, als ob es sie nicht interessiert zu gefallen. Sie tarnt ihr eigenes Interesse, indem sie es den anderen anhängt. Sie muß deshalb oft geradezu zwanghaft darüber sprechen, wie die Männer ihr begehrlich nachschauen und doch immer nur das eine wollen. So findet Lieschen Müller heimliches Vergnügen daran, beim allwöchentlichen Treffen des Damenturnvereins im schwarzen enganliegenden Turntrikot vor dem Hauswart herumzutänzeln und sich zugleich bei ihren Freundinnen über dessen Stielaugen zu beklagen. Die Tragik der getarnten Gefall-Tochter besteht darin, daß sie gefallen will. Und niemand darf es merken. Der lebensgeschichtliche Hintergrund ist oft geprägt von einer religiösen und streng moralischen Erziehung, die Gefallen-Wollen bereits als etwas Böses, als Gefallsucht angeprangert hat.

Nun noch zur getarnten Leistungs-Tochter. Sie ist geradezu der Inbegriff einer «guten» Frau. Die getarnte Leistungs-Tochter setzt ihre Tüchtigkeit nicht für ihre eigenen beruflichen oder privaten Belange ein, sondern richtet sie ausschließlich darauf aus, den Mann in seinem Anliegen zu unterstützen. Sie dient ihm zu, sie ist ihm behilflich, stellt ihr ganzes Wissen und Können in seinen Dienst. Sie hat ihre Lektion einst gut gelernt und früh begriffen, daß es gewisse Unterschiede macht, ob man dem weiblichen oder männlichen Geschlecht zugehört. Sie hat die Erfahrung gemacht, daß sie Vaters Aufmerksamkeit und Anerkennung nicht bekommt, wenn sie selbst ein gutes Zeugnis nach Hause bringt. Sie als Person ist für ihn zu unwichtig, als daß sie ihn direkt mit ihren guten Leistungen erfreuen könnte. Sie registriert, daß sie vor allem dann von ihm gelobt wird, wenn sie Funktionen übernimmt, in denen sie entweder andere in ihrem Tun unterstützt und fördert oder ihnen Aufgaben abnimmt. Sie hilft freudig dem kleinen Bruder bei den Schulaufgaben und wird dem Vater stolz erzählen, was sie ihm beigebracht hat. Den großen Bruder wird sie mit typisch weiblich zudienenden Arbeiten verwöhnen, wie z.B. für ihn den Tisch decken oder Geschirr spülen, damit er möglichst ungestört seinen Hobbys oder Studien nachgehen kann. Sie hofft, durch die Unterstützung anderer vom Vater gelobt zu werden.

Leistungs-Töchter, ob getarnt oder nicht, haben eine

sehr feine Wahrnehmung und spüren sofort, was sie tun müssen und wie sie sich zu verhalten haben, um durch spezielle unsichtbare Leistungen oder Förderungs- und Unterstützungsprogramme Anerkennung zu erhalten. Letztlich ist es für sie nicht mehr so wichtig, ob sie in eigener Sache Erfolg haben.

Diese Frauen findet man als überaus tüchtige Sekretärinnen, die ihren mittelmäßigen bis unterdurchschnittlichen Chefs überhaupt erst ermöglichen, einen Kaderposten zu halten. Sie sind durchaus damit einverstanden, wenn ER das Fünffache verdient, halb soviel arbeitet und um einiges weniger weiß als sie. Milliarden von Frauen leisten weltweit mindestens zwei Drittel aller Arbeit, bekommen dafür zehn Prozent des Lohnes und verfügen über ein Prozent des Besitzes! Nein, mein Lieber, das sind übrigens keine spitzfindigen, aufgebauschten Emanzen-Zahlen, wie Du mir zweifellos entgegnen willst, sondern sie stammen aus einer Uno-Untersuchung. Die getarnte Leistungs-Tochter hat ihr Muster gut gelernt und hofft noch immer, wenn sie dem Manne besonders gut zudient und ihn unterstützt, irgendwann mal vom Vater gelobt oder wenigstens ein wenig hinter dem Ohr gekrault zu werden. Auch wenn der Vater schon längst tot ist, hält diese Hoffnungskraft weiterhin an und überträgt sich auf geeignete Vaterfiguren.

Auch als Ehefrauen von Kleinunternehmern sind sie sehr praktisch. Sie schmeißen und managen nämlich den ganzen Laden, ohne sich bemerkbar zu machen, und bleiben unsichtbar und bescheiden im Hintergrund. Ohne sie läuft überhaupt nichts. Meist verzichtet sie selbstverständlich darauf, im Firmennamen erwähnt zu werden, ganz zu schweigen von einer finanziellen Teilhaberschaft. Für einige folgt dann ein böses Erwachen, wenn sie plötzlich nach einer Scheidung bemerken, daß sie ihr ganzes

Engagement in sein Unternehmen hineingebuttert haben, um hinterher dazustehen, als ob sie niemals einen Finger für das Geschäft gekrümmt hätten. Getarnte Erfolgs-Töchter ordnen ihre Intelligenz derjenigen des Mannes unter. Denn sie wollen ihn auch in seinem Selbstbewußtsein stärken. Sie nützen jede Gelegenheit, um ihm zu zeigen: Du bist der Alleinige, der alles weiß.

Du erinnerst Dich gewiß noch an die Weinhandlung Häuserling? Jedes Jahr spielte sich bei unserer Bestellung dieselbe Theaternummer ab. Obwohl Frau Häuserling seit rund zwanzig Jahren am Telefon sitzt und Bestellungen entgegennimmt, ist es ihr bei Anfragen nicht möglich, die Preise, die allesamt vor ihr liegen und die sie selbst kalkuliert hat, weiterzugeben. Zudem weiß sie über die hinterletzte Flasche Bescheid und besitzt ein phänomenales Gedächtnis. Wir hatten uns stets darüber gewundert, daß sie alles, was wir vor einem Jahr gekauft hatten, in ihrem Kopf abrufen konnte. Dennoch, und das war für uns wie ein Kabarett, gab sie über Preise nie direkt Auskunft, sondern sagte stets: «I muess no de Maa froge.» Sie rief ihm die Zahlen zu, «de Maa» hörte wohl gar nicht richtig hin, sondern hatte einfach das wunderbare Gefühl, daß er der Boß ist. Er nuschelte dann gebauchpinselt etwas vor sich hin, was soviel hieß, wie «jo, jo». Das war für Frau Häuserling die gültige Absolution, und sie war somit befugt, uns die Preise kundzutun. Ebenso Frau Nidli, die ihrem Mann auf der Post in Rütliswalden hilft. Sie bedient seit beinahe dreißig Jahren den Postschalter. Den größten Andrang am Schalter bewältigt sie mühelos, kompetent, ohne nervös zu werden. Sie rechnet, wiegt, stempelt – alles sehr flink und tüchtig, äußerst souverän, ohne Pannen. Kreuzt aber ihr Mann jäh aus dem Hinterhalt auf, hat sie alle Preisstufen für die Briefbeförderung augenblicklich vergessen. Unermüdlich fragt sie ihn:

«was koschtet dä Briäf per Express?», «Mueme da Päckli iischriibe?» usw.

Getarnte Erfolgs-Frauen erleben erst dann ihr grünes Wunder, wenn sie plötzlich alleine dastehen. Meistens finden sie wieder ein geeignetes, förderungsbedürftiges männliches Wesen, damit sie ihre eigenen Begabungen und Fähigkeiten nicht als Eigenes erleben müssen. Oder wenn sie Glück haben und keinen finden, begegnen sie sich selbst und damit auch ihren Talenten.

Ach Fabian, so nachdenklich mich das auch stimmt, fühle ich mich doch seltsam beschwingt. Ich blicke gebannt in die lodernden Flammen, als sehe ich einen hochinteressanten Spielfilm. Er fesselt mich derart, daß ich beinahe meinen eigenen Liebeskummer um Dich vergesse. Jedenfalls verblaßt er dabei zusehends. Das Neue, das mir allmählich klar wird, ist um einiges spannender als die alte Tretmühle. Je mehr ich über die Bedeutung der Väter für uns Töchter begreife, um so mehr gelingt es mir, Dich zu entlassen. Wenn ich dennoch mit Dir weiterhin im Gespräch bleibe, dann deshalb, weil Du mir inzwischen ein lieber Freund geworden bist, einer, dem ich gerne alles erzähle.

Ich höre Dich seufzen. Ja, ich weiß, es ist etwas viel geworden. Magst Du dennoch weiter zuhören?

Ein wenig Trotz, ein wenig Erfolg und
geschmückt mit Glitzer und Glamour
Selbstverständlich gibt es auch töchterliche Mischformen. Mischformen entwickeln sich dann, wenn die väterliche Position nicht eindeutig war.

Wenn z.B. ein Mädchen ohne Vater aufwächst – und das ist nicht selten! –, dann wird es seine Wirkung mit stellvertretenden Vaterfiguren testen. So können z.B. auch männliche Familienmitglieder wie Großvater, Onkel, älterer Bruder oder Lehrer die Funktion der Resonanz übernehmen.

In dieser Variante wird das Mädchen stets versuchen, auf mehreren Bühnen Applaus zu erhalten. Es sitzt also nicht in einer einzigen Rolle fest, sondern verfügt über ein breiteres Repertoire. Ein Mädchen, dessen Vater lediglich bei der Zeugung anwesend war und sich später aus dem Staub gemacht hat, wird sich die für seine Entwicklung wichtigen Vaterfiguren zusammensuchen, notfalls mit Hilfe der Phantasie. Die vaterlosen Mädchen sind also auf alle Fälle besser dran als diejenigen, die zwar einen Vater haben, der aber an ihnen kein Interesse zeigt.

Während sich das vaterlose Mädchen die Resonanz bei verschiedenen Vaterfiguren sucht, erlebt das Mädchen mit einem an ihm desinteressierten Vater: «Ich bin nichts wert, sonst würde sich Vater für mich interessieren».

Unbeantwortete Töchter zeichnen sich durch eine hohe Begabung für Anpassungsfähigkeit aus. Sie werden sich auch noch im zarten Erwachsenenalter unverzüglich auf die nicht ausgesprochenen Wünsche eines Ersatzvaters einstellen und alles daran setzen, Beifall und Anerkennung zu erhalten. Sei dies beim Schwiegervater, beim Chef oder bei anderen männlichen Bezugspersonen.

Das kommt Dir doch bekannt vor, oder?

Ja, Du hast recht. Zuerst versuchte ich es beim Originalvater mit Gefallen zu gefallen – ohne Erfolg. Dann fand ich Ersatzväter, und ich wurde eine getarnte Leistungs-Tochter, unterstützend, zudienend – die Resonanz blieb aus. Durch vielfältige Krisen begünstigt, wurde ich dazu veranlaßt, die Tarnkappe abzunehmen. Darauf folgte etwas Trotz, zwar nur in Maßen, aber immerhin verlieh er mir soviel Kraft, daß ich wagte, selbst Leistungen zu erbringen – wieder ohne den ersatzväterlichen Applaus. Nun, Du wirst verstehen, jetzt können mich diese Väter, Nebenväter und Ersatzväter allesamt am Arsch lecken! (Die Trotz-Tochter hat gesprochen!)

Bei genauem Hinsehen kann man die Mischformen in einzelne Anteile aufspalten, und dadurch werden sie deutlich erkennbar. Stell dir Frau Heisenbrecht von nebenan vor, getarnt erfolgreich, getarnt gefallen-wollen, getarnter Trotz. Schmeißt die ganze Schreinerei, ohne daß es sichtbar wird, geht einmal in der Woche zum Friseur und läßt sich ihre braven Löckchen legen, beklagt sich über die ihr angeblich nachpfeifenden Türken (was uns nie so recht eingeleuchtet hat!) und spinnt unsichtbar die Intrigen messerscharf durchs Dorf.

Wie die verschiedenen Töchter zu unterscheiden sind

Ach, vielleicht möchtest Du von mir erfahren, wie Du denn diese Töchter unterscheiden kannst, damit Du bereits von Anfang an weißt, was als väterliches Erbe auf Dich wartet. Ich verrate Dir einen kleinen Trick, wie Du sie sofort auseinanderhalten kannst.

Kneif einfach die Augen etwas zusammen, laß sie schrumpfen auf drei-, vier- bis siebenjährige Mädchen. Und Du kannst ein herrliches Schauspiel sehen.

Die Gefall-Tochter sieht in ihrem Putz wie ein kleines Mädchen aus, das sich mit fremden Kostümen verkleidet hat. Sie wirkt, als ob sie Erwachsensein spielen wollte, – ein etwas unbeholfenes Verführungsspielchen. Sie schaut sich unverblümt im Spiegel an, betrachtet sich wohlgefällig-kritisch von allen Seiten, kokettiert, wirft sich in Pose, als wollte sie für einen Kinderfaschingsball üben, und testet die vorteilhaftesten Perspektiven aus. In Gesprächen mit Freundinnen drängt es sie unaufhörlich, von ihrer Wirkung auf andere zu berichten. Im Gegensatz zu der getarnten Gefall-Tochter. Diese möchte zwar mit den anderen Mädchen mithalten, darf aber nicht. Sie trägt in sich das Programm, daß das alles irgendwie des Teufels ist. Deshalb ist sie, wenn Du sie in der Verkleinerung eines Mädchens siehst, zurückhaltend, scheu und ängstlich. Sie macht beim Verkleidungsspiel nicht mit, sondern steht etwas abseits und beobachtet verlegen, aber mit größter Neugierde das aufregende Treiben der anderen.

Die Leistungs-Tochter erkennst Du am besten, wenn Du sie Dir auf die Größe einer Erstklässlerin verkleinerst. Da siehst Du sie, wie sie kerzengerade im kleinen sauberen Kleidchen artig in der Schulbank sitzt und mit wachem Blick, größter Aufmerksamkeit und Konzentration den Ausführungen der Lehrerin/des Lehrers lauscht. Noch unterscheidet sie sich nicht von der getarnten Leistungs-Tochter. Erst auf dem Heimweg wird der Unterschied deutlich. Während die Leistungs-Tochter stolz und freudig nach Hause springt und aufgeregt auf den Moment wartet, bis der Vater kommt, um ihm zu erzählen, was sie alles gelernt hat und wie gut sie aufgepaßt hat, hofft die Getarnte, daß der Vater ihre unterstützenden Aktionen wahrnimmt und sich darüber freut.

Als drittes noch die Trotz-Tochter. Laß auch sie schrumpfen, und sie wird zur frechen Rotznase. Lehrer verzweifeln an ihr. Laß sie noch etwas kleiner werden, setz sie in Deiner Vorstellung in den Sandkasten, und Du wirst sehen, wie sie einem kleinen Jungen eine Blechschaufel über die Rübe zieht. Mit der getarnten Trotz-Tochter ist genauso schlecht Kirschen essen. Aber sie ist nicht so leicht erkennbar. Wenn plötzlich ein kleineres Geschwister aus heiterem Himmel wie eine Sirene losheult, siehst Du die Getarnte lammfromm daneben sitzen und lieblich mit der Puppe spielen. Sie zwickt und pfetzt von hinten, wenn es niemand sieht. Sie gibt ihre angestaute Wut heimlich an den nächst Schwächeren weiter. Dieses Verhalten wird sie als Erwachsene beibehalten.

Du siehst, wie tief unsere Vatergeschichte unser Leben und unsere Partnerschaft prägt. Der Vater ist der erste Mann in unserem Leben, dem unsere Liebe gilt. Werden wir von ihm nicht ebenso glühend zurückgeliebt, bleiben wir immer auf Beziehungen fixiert, in denen sich diese Tragödie wiederholt. Im Innersten hoffen wir stets, daß irgendwann einmal ein Wunder geschieht und der Partner die Schulden des Vaters endlich begleicht.

Wir Frauen haben also die ganzen Defizite und Mängel, die gesamte Absenzschuld unserer Väter auf Euch Männer übertragen, inklusive Zinsen und Verzugszinsen. Die bohrende Sehnsucht nach liebender väterlicher Zuwendung macht uns blind. Deshalb sind wir nicht in der Lage, Eure eigene vaterlose Situation zu erkennen! Wir sehen nicht, daß Ihr gleichermaßen unter dem väterlichen Mangel gelitten habt. Schlimmer noch, daß ihr den Schmerz nicht einmal fühlen konntet. Viele Männer sind vaterlose Söhne! Wo und von wem hast Du denn väterliche Zuwendung bekommen? Was heißt denn Vatersein überhaupt? Heißt es einfach Samenerguß? Weiter nichts? Heißt Vatersein, sich um das Weltgeschehen kümmern, geschäftliche Transaktionen veranstalten, Finanzen verschieben, spekulieren, vergeiern, ansammeln, vererben usw...? Sind Väter lediglich Repräsentanten der Außenwelt? Heißt Vatersein, darauf bedacht sein, sich möglichst wenig mit der eigenen Brut zu beschäftigen? Heißt Vatersein Zufallstreffer, den Laich irgendwo in einem Backofen abstreifen und sich dann aus dem Staub machen?

Und, Fabian, was ist mit Deinem Vater? Hat er Dich nicht schmählich im Stich gelassen? Nach dem Tod Deiner Mutter hat er Dich vom Bruder getrennt, im billigsten Heim abgeliefert, und dort hast Du von Sonntag zu Sonntag, von Schulferien zu Schulferien gewartet. Von der einen Weihnacht bis zur nächsten. Du hast gewartet – und er kam nicht. Er kam überhaupt nie. Du hast während Deiner ganzen Kindheit gewartet und hast Dich nach der väterlichen Hand gesehnt, daß sie Dir ein Mal, ein einziges Mal nur, übers Haar streicht und Dich von der ewigen Warterei wenigstens für ein paar Stunden erlöst. Umsonst. Und ausgerechnet von Dir, der Du selbst ein schmerzliches Vaterloch in Dir trägst, forderte ich die Schulden meines Vaters zurück. Mit welcher Selbstverständlichkeit habe ich Dir einfach mein Vaterbild übergestülpt, wollte ich mich durch Dich von meinem Trauma befreien. Und Du wolltest mit meiner Hilfe das gleiche tun. Beide waren wir defizitär. Hier stimmt unsere mathematische Formel «minus mal minus gleich plus» nicht.

Wie viele Frauen wollen von ihren Partnern und Ehemännern etwas, das diese gar nicht zur Verfügung haben! Wir leben in einer vaterlosen Gesellschaft. Weiß der Geier, wo die Väter stecken, in welchen Löchern sie sich verkrochen haben! Wie können Männer von ihren Vätern Vaterschaft lernen, wenn sie selbst vaterlos waren? Obwohl alles gesetzlich so geregelt ist, daß keiner kneifen kann, sind trotzdem viele Väter wie vom Erdboden verschluckt. Das Verursacherprinzip klappt hierzulande bei der Müllentsorgung um einiges besser als bei der väterlichen Verantwortung. Von wem sollen künftige Väter Väterlichkeit lernen, wenn es gar keine Väter mehr gibt?

In einer Diskussion über Liebe und Partnerschaft meldete sich ein 27jähriger Mann zu Wort und schilderte sehr eindrücklich und sichtlich ratlos seine Probleme mit der männlichen Identität. Er wolle von anderen Männern lernen, was Mannsein und Vaterschaft bedeute, aber er finde keine Männer, die ihm Vorbild sein und auf seine Fragen antworten könnten. – Es ist also höchste Zeit, daß sich

Männer zu Gesprächen zusammenfinden, um sich ihrerseits ernsthaft mit ihrer Rolle auseinanderzusetzen, – um gemeinsam herauszufinden, was Mannsein, Vaterschaft oder als Partner liebesfähig zu sein, beinhaltet.

Und wir Frauen sollten ebenfalls lernen, beim Aufrollen unserer eigenen Geschichte uns gegenseitig beizustehen und zu begleiten. Lach nicht, Fabian! Sag nicht, das schafft ihr nie, unter Frauen gibt es nur Zoff! Du hast zwar recht, und zugleich stimmt es aber auch nicht. Denn der Schwesternstreit trügt. Er existiert nur dort, wo Frauen um die Gunst des Vaters buhlen. Im Tanz um das goldene Kalb gibt es eben Eifersucht und Streitereien. Nimm diesen Frauen das Kalb aus ihrer Mitte, und Du erlebst etwas völlig anderes.

Hier folgt der Tragödie letzter Teil.

Vorher aber springe ich kurz hinters Haus, um nochmals einige dicke Holzscheite zu holen – in dieser Nacht darf mir das Feuer unter keinen Umständen ausgehen, damit ich möglichst die Zusammenhänge klar erkennen kann. Ich schichte das Holz über die Glut und warte, bis es richtig brennt. Dann spucken die tanzenden Flammen die Bilder des nächsten Aktes aus. Was ist ein Fernsehkasten doch für ein armseliges Gerät gegen diesen sprühenden Bildervulkan! Ich sage Dir, das ist der spannendste Film, den ich je gesehen habe! Hier sitze ich am Pulsschlag des Lebens, hier begreife ich psychologische Gesetzmäßigkeit.

Gut, ich weiß, daß Du grundsätzlich nichts von Psychologie hältst. Wie oft habe ich Dir versucht zu erklären – leider bis heute ohne Erfolg –, daß die Psychologie nicht eine Firma ist, die ihre Thesen gegen Tantiemen absetzt. Also kein Verwaltungsrat, der profitorientiert Psycho-logie vermarktet! Hier handelt es sich um seelische Gesetze, die jederzeit und allseits überprüfbar sind.

Vorausgesetzt man ist bereit, sich auf Gefühle und die damit verbundenen Erfahrungen einzulassen!

Früher habe ich mich über Deine überhebliche Haltung geärgert. Heute muß ich darüber lachen. Soeben ist mir das ganze Tablett mit dem Kaffeegeschirr auf den Boden heruntergekracht. Das Geschirr ist zerbrochen, der Kaffee sickert in den hellbeigen Velourteppich und wird von ihm wie von einem Schwamm aufgesogen. Während ich herumrubble und versuche, den Kaffee aus dem Teppich zurückzuerobern, denke ich: ‹Wenn Du nichts von Psychologie hältst, halte ich nichts von der Schwerkraft.› Dann sammle ich die Scherben ein. Auch wenn ich nichts von der Schwerkraft halte, das Tablett ist dennoch heruntergefallen. Auch wenn Du nichts von Psychologie hältst, also von seelischer Logik, es gibt sie und sie wirkt, ob es Dir paßt oder nicht. Nun höre ich aber auf, Dich belehren zu wollen!

Auf gehts also in den nächsten Akt.

Vom Schwesternstreit und den wahren Hintergründen

Wenn es zu Unstimmigkeiten unter Frauen kommt, dann deshalb, weil sie sich gegenseitig mit einer männlich-väterlichen Bewertungsbrille begutachten. Die Gefall-Tochter bewertet: Wer ist die Schönste-und-die-Dünnste? Wer hat die neuste Frisur? Wer hat den straffsten Busen, wer die schönsten Beine? Die Leistungstochter interessiert sich dafür, wer die größten Erfolge verbuchen kann, und die Trotz-Tochter will wissen, wer am schlagfertigsten ist.

Solange der Bann wirkt, um die Gunst des Vater-Mannes buhlen zu müssen, entsteht tatsächlich ein Schwesternstreit. Die Leistungs-Tochter schätzt die Gefall-Tochter nicht besonders. Sie erfüllt das väterliche Pflichtsoll, sichtbare Leistungen zu erbringen, nicht. Die

Leistungs-Tochter hat in sich das väterlich-männliche Wertesystem eingebaut, nach welchem sie sich selbst streng beurteilt und an dem sie auch die anderen Frauen bemißt. Die Gefall-Tochter ist ihr nämlich zu gefühlsbetont und deshalb auch nicht ernst zu nehmen, sie hat kein intellektuelles Format. Zudem hat sie ihr grundsätzlich zu wenig Klasse und Stil. Steckt die Gefall-Tochter gar in billigen Anmachfähnchen, hat sie nur ein mildes Lächeln für sie übrig. Diskutieren mag sie ebenfalls nicht mit ihr, da die Gefall-Tochter in ihren Augen nicht klar denkt und entsprechend schwammige Sätze konstruiert. Auch die Trotz-Tochter hat mit der Gefall-Tochter nichts am Hut, außer Verachtung, die sie klar begründet. Sie wirft ihr nämlich vor, daß sie sämtliche Bemühungen um die Emanzipation der Frau unterwandert. Mit ihrem dümmlich-sexuellen Getue stärke sie die Vorurteile gegen Frauen. Die Trotz-Tochter schämt sich für ihre «dämliche» Geschlechtsgenossin und vermeidet deshalb, sich öffentlich irgendwo mit ihr zu zeigen. Sie ist für sie auch keine interessante Gesprächspartnerin. Die Trotz-Tochter-Frau will nämlich keine ihr Zustimmung spendende, freundlich nickende Gesprächspartnerin, sondern eine im Kampf geübte Gegnerin. Und diese Fähigkeit besitzt ja gerade die Gefall-Tochter nicht.

Die Verachtung der Leistungs- und der Trotz-Tochter macht der Gefall-Tochter schwer zu schaffen. Sie spürt die entwertenden Blicke, hört genau die abschätzigen Äußerungen und wird dadurch noch unsicherer und in ihrem Denken zusätzlich geschwächt. Deshalb ist es für sie kein Unterschied, ob sie mit einem Mann diskutiert oder mit einer Leistungs- oder Trotz-Tochter.

Es ist nun aber nicht so, daß die Gefall-Tochter ihrerseits an diesen beiden Frauen-Typen großen Gefallen fände und vor Sympathie sprühte. Sie bewertet ebenfalls!

Auch sie urteilt nach männlicher Vorgabe. Nicht aber, was Leistungsfähigkeit und Widerstandskraft betrifft, sondern sie bewertet ausschließlich das Aussehen und die entsprechende Anziehung auf Männer.

Es ist ihr völlig unverständlich, wie sich ein Mann von einer intelligenten, aber nicht sehr attraktiven Frau angezogen fühlen kann. Für diese Beziehungsvariante hat sie nur eine einzige Erklärung: Der Mann ist psychisch nicht ganz zurechnungsfähig und krank. Sie beurteilt ihre Schwestern nach der eigenen strengen Werteskala. Es ist durchaus möglich, daß sie für die Erfolgs-Frau noch so etwas wie Anerkennung empfinden kann, vorausgesetzt, sie sieht sehr gut aus. Das heißt in einer Weise, die gewisse Anerkennung findet. Karrierefrauen sind in der Regel nicht auf Sex und Anmache zurechtgemacht, sondern eher sachlich und klassisch. Und das empfindet die Gefall-Tochter-Frau wiederum als unweiblich, als zu wenig verführerisch.

Die Trotz-Tochter-Frau hat bei ihr nur dann eine Chance, wenn sie attraktiv ist. Vielleicht aber hat sie für sie gar nur Mitleid übrig, falls sie trotzt und auch noch unvorteilhaft aussieht. Die Trotz-Tochter kann noch so brilliant streiten, sich durch das Dickicht männlicher Logik durchschlagen, tauschen möchte sie mit so einer niemals. Und sie möchte auch nichts mit ihr zu tun haben. Es kann sein, daß sie sich unter Vorbehalt der äußeren Erscheinung doch noch etwas heimliche Bewunderung für ihr selbstsicheres Auftreten und ihre mutige Streitbarkeit abringt. Immer aber mit dem offen geäußerten Bedauern, daß diese Wagemutige leider nicht aussieht wie Brigitte Bardot. Eine weitere Kategorie, die ihr ziemlich zusetzt, ist die Getarnte aus dem eigenen Gefallen-müssen-Lager. Es läßt sie ernsthaft an einer Gerechtigkeit auf Erden zweifeln, daß ausgerechnet ihre unscheinbaren

Schwestern, die nach nichts, aber auch wirklich nach nichts aussehen, relativ attraktive, zumindest doch gestandene Männer ergattern. Während sie sich, die sich doch so viel Mühe gibt und auch ganz objektiv in jeder Beziehung einiges mehr zu bieten hat als diese Faden, Langweiligen, Unerotischen, mit Zweit- oder Drittklassemännern abgeben muß. Das ist für sie die größte Kränkung. Sie wird sich deshalb auch keine Möglichkeit entgehen lassen, der Unattraktiven, Getarnten eins auszuwischen, und wird nimmermüd auf ihre körperlichen Mängel hinweisen.

Nun ist es aber nicht so, daß die Erfolgs-Tochter und die Trotz-Tochter auf derselben Bühne in freundschaftlicher Verbundenheit agieren. Für die an Disziplin gewohnte, willensstarke Karrierefrau ist die ewig Trotzende, die sich nicht an männliche Spielregeln hält und respektlos mit ihrem hochverehrten Vater und Ersatzvater umspringt, ein ständiges Ärgernis. Sie anerkennt nicht einmal ihre denkerische und verbale Leistungsfähigkeit. Sie disqualifiziert die Trotz-Tochter nach ihren eigenen väterlich-männlichen Wertvorstellungen und wirft ihr grundsätzlich unzivilisiertes Verhalten vor, – in ihren Augen eine Todsünde gegen die Väter.

Die Trotz-Tochter ist von der Leistungs-Tochter ebenfalls nicht begeistert. In ihren Augen ist sie eine Überangepaßte, eine Unkritische und damit eine, die mehr schadet, als daß sie etwas einbringt. Da Trotz-Töchter engagierte Kämpferinnen sind, vermuten sie hinter jeder Frau, die nicht in der gleichen Art Widerstand leistet, eine elende Verräterin.

Du siehst, die Spaltung geht kreuz und quer durch alle Lager. Auf einen Konflikt möchte ich aber noch zu sprechen kommen, der uns ebenfalls zu schaffen macht und der einen tiefen Graben zwischen die Frauen zieht.

Die Trotz-Töchter sowie die Leistungs-Töchter sind auf den Kopf zentriert, sie sprechen die Sprache des Verstandes. Die Gefall-Töchter hingegen leben aus dem Bauch heraus und sprechen die Sprache des Gefühls. Beide Frauenparteien sind der festen Überzeugung, daß sich die Gegenpartei auf dem Holzweg befindet. Entweder belächeln sie sich gegenseitig oder versuchen, die andere Partei von der Richtigkeit ihrer Anschauung zu überzeugen.

Je nach dem, welche Strategie die Frau im Kampf um väterliche Anerkennung entwickelt hat, ist das eine ausgeprägter als das andere. Die nicht gelebte Seite wurde als störend und hinderlich ausgegrenzt. Deshalb verfügen die einen über einen gut funktionierenden Verstand, während der Gefühlsbereich unterentwickelt bleibt. Die anderen stehen in bestem Einvernehmen mit ihrer Gefühlswelt, während das Verstandesmäßige Mühe hat, sich daneben zu behaupten. Ein Teil wird also immer abgesondert. Bekanntlich löst sich aber Abgespaltenes nicht einfach in milde Sommerluft auf, sondern ballt sich in bedrohlicher Eigendynamik zu einem von ferne heranziehenden Gewitter. Es stört die unbekümmerte Freude am vermeintlich wolkenlosen Himmel und fährt unerwartet als Blitz und Donner hernieder. Das Unwetter in der eigenen seelischen Landschaft auszuhalten, setzt voraus, diese Ereignisse als etwas zu sich Gehöriges anzuerkennen und anzunehmen. Das aber tun die wenigsten! Sie suchen sich flink einen geeigneten Nebenschauplatz, um die Sturmböen aus der eigenen Psyche wieder zu vertreiben.

Konkret sieht das dann so aus: Trotz-Töchter kämpfen ausschließlich auf der exoterischen, also politischen Ebene. Sie sind davon überzeugt, daß sich unter den Menschen nur dann etwas ändert, wenn die Veränderung gesetzlich geregelt wird. So kämpfen sie überzeugt dafür, daß das Parlament zur Hälfte mit Frauen besetzt wird: Quotenregelung heißt das Gerechtigkeitswort. Es ist für sie unvorstellbar, daß der größte Teil der Frauen, und dazu gehört vor allem die verführende Tochter, unter einem geschwächten Selbstwertgefühl leidet. Diese würden es sich niemals zutrauen – Quotengesetz hin oder her – sich politisch zu profilieren.

Ebenso setzt die Leistungs-Tochter mindestens so gezielt auf die Vernunft wie ein Spieler auf ein siegessicheres Turnierpferd. Ist sie eine berufliche Karrierefrau, hat sie sich schließlich mit diesem Rezept ein Stück männliche Macht erobert. Ist sie eine tüchtige und bienenfleißige Hausfrau, erlebt sie im perfekt durchdachten Familienmanagement ihre Befriedigung. Für beide Typen funktioniert nichts ohne gezieltes Eingreifen von außen. Alles ist machbar, steuerbar und letztlich kontrollierbar. Ihre größten Kontrahentinnen sind diejenigen, die an der Richtigkeit ihrer Haltung zweifeln. Die Gefall-Tochter hingegen lebt gefühlsweltzentriert. Alles, was an Gefühlen und Empfindungen aus dem Bauch aufsteigt, ist für sie bedeutungsvoll und wird ihr Verhalten und ihr Handeln bestimmen. Sie will sich vor allem mit ihren Problemen und Schwierigkeiten auseinandersetzen und versuchen, da etwas zu verändern. Sie orientiert sich esoterisch, also nach innen. Von gesellschaftspolitischen Ansätzen hält sie wenig. Sie möchte zuerst mit sich klarkommen, bevor sie die Gesellschaft verändern will.

Abschied von den Vätern

Wir müssen den endlosen Pfad, der nie zum Ziel Vaterliebe führt, aufgeben, umkehren, uns auf den Heimweg zu uns selbst aufmachen und zu unserer Quelle zurückfinden. Wenn es uns gelingt, vom Vater Abschied zu nehmen, dann gibt es keinen Schwesternstreit mehr. Der

Spuk ist aus. Die entwertende Vaterbrille, durch die wir unsere Schwestern begutachtet haben, ist zerbrochen. Der Weg wird frei für gegenseitig einfühlende Begleitung und Unterstützung. Der Trotz- und der Leistungs-Tochter wird es möglich, ihre vernachlässigte Gefühlsseite zu beleben und zu integrieren. Ihre Schwester aus dem Gefall-Lager ist ihr dabei gerne behilflich. Die Gefall-Töchter hingegen werden von den Verstandes-Schwestern liebevoll angeleitet, die Gefühlswelt mit einem gut trainierten Verstand zu ergänzen. Dadurch können sie zusätzlich eine hilfreiche Maßnahme ergreifen, um endlich das quälende Gefühl des Unwerts, des mangelnden Selbstbewußtseins loszuwerden.

Zudem schaut die Gefall-Tochter der Trotz-Tochter in die Karten, wie frau sich wehrt, sich aufbäumt und kämpft. Wie sie sich einen feuchten Dreck darum schert, ob andere Gefallen an ihr finden oder nicht. Von der Leistungs-Tochter lernt sie Disziplin und Durchhaltevermögen. Dabei entdeckt sie den großen Fundus ihrer eigenen Begabungen, und sie wird mit Hilfe ihrer Schwestern wagen, sich auf ihre eigenen Fähigkeiten einzulassen. So kommt sie immer näher zu sich selbst, spürt sich, nimmt sich wahr, und das gibt ihr das Bewußtsein ihres eigenen Selbst: daraus erwächst Selbstbewußtsein.

Die Leistungs-Tochter wiederum lernt viel von ihrer gefälligen Schwester. Diese ist nämlich für sie eine wahrhaft hilfreiche Lehrerin, Gefühle und Schwächen nicht zu verdrängen, sondern als zu ihrem Wesen gehörig zuzulassen. Damit die Leistungs-Tochter nicht mehr ihre ungelebte Seite an ihren Partner delegieren muß. Sie wird also auch nicht mehr an seinen Unzulänglichkeiten leiden, weil sie selbst den Zugang zu ihren eigenen Schwächen gefunden hat und diese endlich auch zulassen kann. Von der Trotz-Tochter lernt sie, wie viele Lebensmöglichkeiten es außerhalb des väterlichen Wertesystems gibt – und wie man Spielregeln sprengt und eigene erfindet.

Aber auch die Trotz-Tochter findet in ihren Schwestern gute Geburtshelferinnen. Die Gefall-Tochter zeigt, daß das Leben nicht nur darin besteht, allerorten Widerstand zu leisten, zu trotzen und zu motzen und immer Nein zu schreien, sondern daß es auch noch andere Möglichkeiten der Auseinandersetzung gibt. Sie lernt von ihr das «Ja», die Verunsicherung, die ihr Zeit zum Nachdenken gibt. Die Trotz-Tochter kann nur gewinnen, indem sie sich im Zuhören übt, im Zaudern, im Abwägen, im Einfühlen. Die Gefall-Tochter beherrscht das alles einwandfrei und kann sie in diese Kunst einführen. Von der Leistungs-Tochter kann sie Umgangsformen lernen, damit sie mit ihren Anliegen auch bis zum Bestimmungsort vordringt und nicht bereits unterwegs ausgepfiffen, disqualifiziert oder nicht erst genommen wird.

So können wir uns gegenseitig dabei helfen, daß aus Gefall-, Leistungs- oder Trotz-Töchtern erwachsene Frauen werden. Damit die Gefall-Tochter endlich lernt, nicht mehr gefallen zu müssen, um sich existent zu fühlen, – weil sie sich niemals mehr selbst vergißt und sich selbst liebgewonnen hat. Damit die Leistungs-Tochter endlich die unermüdlichen Hände in den Schoß legen darf oder gar schwach, unbeholfen und hilflos werden kann. Dabei macht sie die Erfahrung, daß sie auch ohne Leistung geliebt wird. Auch sie hat mit der liebevollen Unterstützung ihrer Schwestern gelernt, sich selbst zu lieben. – Damit die Trotz-Tochter es endlich wagt, den Widerstand aufzugeben, und dabei erfährt, daß sie dennoch Aufmerksamkeit erhält, weil sie sich selbst gegenüber einfühlsamer geworden ist.

Wir können uns also darin unterstützen, den alten lebensbehindernden Ballast über Bord zu werfen, um nicht mehr gefällig, tüchtig oder trotzig um ein goldenes Vaterkalb herumzutanzen. So können wir alles voneinander lernen! Denn eines ist gewiß: wenn ich etwas nicht kann, verfügt bestimmt eine andere über diese Fähigkeit, und ich fände in ihr ein Vorbild.

Fabian, Du siehst, wir Frauen haben alles in der Hand! Das väterliche Defizit wird uns niemals durch geeignete Ersatzväter rückvergütet werden. Die Vater-Wunde heilt dann, wenn wir unseren alten Gefühlen zu begegnen wagen, sie zulassen und durchleiden.

Nur wir Frauen wissen aus eigener Erfahrung, wie tief uns die väterliche Antwortlosigkeit verletzt hat. Deshalb können wir uns gegenseitig in der Aufarbeitung unserer Vater-Defizit-Geschichte beistehen.

Vielleicht kannst Du nun besser verstehen, weshalb mir die Arbeit mit Frauen so wichtig ist: es hat etwas mit solidarischer Schwesternliebe zu tun. Wie Kinder, die sich durch ein schweres gemeinsames Schicksal besonders verbunden fühlen.

Und jetzt, lieber Fabian, da ich das alles aufschreibe, spüre ich, wie ich auch Dich in diese Liebe ohne weiteres einschließe – geschwisterlich.

Das Feuer flüstert leise vor sich hin. Die Katze schläft auf Deinem Stuhl. Unter den Frauengruppen ist es ruhiger geworden. Einige Gefall-Frauen sitzen bei den Leistungs-Frauen auf der Ballustrade und diskutieren. Eine Trotz-Frau hört aufmerksam einer Gefall-Frau zu, und eine Gefall-Frau übt sich bereits im Neinsagen.

Noch schmerzt der Abschied von Dir, ja eigentlich flammt sogar ein kleines Fünkchen Hoffnung auf. Jetzt, nachdem ich das alles erkannt habe, würde ich anders handeln können, würde keine Forderungen stellen und meine Defizitgeschichte nicht mehr auf Dich projizieren.

Gestern habe ich gesehen, daß Du Deine Winterpneus

bereits abgeholt hast. Es war mir wie ein kleiner Trost gewesen, noch etwas von Dir zu besitzen.

Ich schaue hinaus, inzwischen ist es Herbst geworden. Ein leichter Wind treibt über den Hügel, und die Bäume überlassen ihm die Blätter, voller Zuversicht, daß ihnen im Frühling wieder neue wachsen. Wenn ich es ihnen doch nachmachen könnte, mich einfach vertrauensvoll in einen Windstoß hineinstellen, um Dich endlich loszulassen.

Und das heißt wohl auch, diesen inneren Dialog mit Dir, der mich durch diese schmerzlichen Tage und Wochen begleitet hat, zu beenden – und das ist nicht leicht. Noch kann ich es mir nicht vorstellen, Dir nicht mehr alles zu erzählen, was mich bewegt, was mich beschäftigt. Irgendwie bin ich noch immer ein großes Kind, das sich irgendwo aufgehoben fühlen möchte. Aber ich will erwachsen werden und will mich von dem heimatlich vertrauten Ort, der Du die ganzen Jahre über für mich warst, verabschieden. Einst schrieb ich mich aus einer ersatzväterlichen Ehebeziehung heraus – auf direktem Weg in Dein Herz hinein, wo ich immerhin lange Zeit Unterkunft fand. Nun schrieb ich Dir in diesen Tagen ein weiteres Mal, schaufelte den überwucherten Weg zu meinem Vater frei, um ihm endlich von Angesicht zu Angesicht zu begegnen. Damit ich mich aus dem Bann seiner geheimen Anziehung befreien konnte. Jetzt habe ich mich vom Vater verabschiedet. Und dabei bist Du mir neu begegnet, Du, der mir das Allerliebste geblieben bist.

Im Kamin ist inzwischen die Glut erloschen. Alles Holz ist verbrannt. Die Frauen haben ihre Sachen zusammengepackt und sind heim gegangen. Ich kehre die erkaltete Asche aus dem Kamin und trage sie in unseren Garten.

Dann sammle ich die vielen vollgeschriebenen Papierblätter ein, sortiere sie und stecke sie in einen großen Umschlag. Ob ich Dir diesen Brief schnell vorbeibringen soll?

Ich mache einen Spaziergang, um nachzusehen, ob Du zu Hause bist. In Deinem Schlafzimmer brennt Licht. Kerzenlicht? Nochmals zittern mir die Knie.

Morgen werde ich sie Dir in den Briefkasten legen.

Lieber Fabian, mein guter, bester, liebster Freund, ich danke Dir für alles. Du warst mir über Jahre das Wichtigste, Liebste, Du hast mir zugehört, und das war nicht immer leicht für Dich, danke. Meine Gedanken werden wohl noch einige Zeit bei Dir bleiben, bis ich mich von Dir verabschieden kann. Ich wünsche Dir, daß Du glücklich bist und Dir Dein unbeschwertes und herzliches Lachen niemals abhanden kommt. Und Du immer so bleibst wie Du bist – denn so bist Du wunderbar.

Leb wohl ...

Postludium

Es folgten nochmals schwere Tage. Es war wie ein doppelter Abschied. Zuerst die Trennung von Fabian und dann aufhören zu schreiben. Ich weiß nicht, was schmerzhafter war. Durch das Schreiben fühlte ich mich noch immer mit ihm aufs engste verbunden, ich war ihm nah, sprach mit ihm, erzählte ihm all meine Gedanken, und irgendwie fühlte ich mich weiterhin bei ihm aufgehoben, so wie all die Jahre zuvor. Das Schreiben verband mich mit ihm wie eine Nabelschnur. Und jetzt, wo ich sie durchschnitten hatte, war die Trennung endgültig. Manchmal griff eine Panik nach mir, das Herz begann zu flattern, als ob es still stehen wollte.

An ein Leben ohne Fabian hatte ich mich bereits gewöhnt, aber die Briefe an ihn einzustellen, war beinahe undenkbar. Wie oft hatte ich mich schon durch Krisen hindurchgeschrieben, Schreibzeug und Papier wie einen Rettungsring um mich herumdrappiert. Schließlich ist Schreiben die älteste Therapieform. Wieviele Menschen haben sich schreibend über Wasser gehalten, haben dadurch in lebensbedrohlichen Situationen durchhalten können. Habe ich etwa zu früh meine Selbsttherapie abgebrochen? Bin ich doch noch nicht so gefestigt, wie ich dachte?

Jedenfalls vermied ich es, mich vor den Kamin zu setzen. Und ich vermied es auch, mein Schreibzeug in die Hand zu nehmen. Ich kämpfte gegen Entzugserscheinungen, indem ich mich zwang, vermehrt nach außen zu leben und Einladungen anzunehmen, wozu ich überhaupt keine Lust hatte, nur um nicht mit mir alleine zu sein und ständig um den Kamin herumzuschleichen.

Und dann, eines morgens, ich war gerade im Begriff, das viel zu große Auto aus der viel zu kleinen Garage herauszumanövrieren, da tauchte im Rückspiegel Fabian auf. Ich sprang sofort aus dem Auto, zwängte mich an der Garagenwand entlang, eilte auf ihn zu. Da stand ich vor ihm, in diesem kalten Nebelmorgen, einen Augenblick nur, dann schob er seine schlanke Gestalt behende durch die Garage, setzte sich in das Auto, und beendete in alter Gewohnheit das Manöver in einem einzigen Schwung. Dann schloß er schnell das Garagentor, setzte sich wieder hinter das Steuer, und ich nahm meinen alten Platz, wie früher, neben ihm ein.

Dann fuhren wir los.

Es gab kein Zurück. Das alte Gebäude, wo mein Vater flachgepreßt in einer Zeichenmappe nistete, war abgerissen. Noch war das neue Haus nicht erbaut.

Und erst jetzt begriff ich, daß das mühsame Unterfangen, mich von meiner Vatergeschichte zu lösen, erst die Hälfte der Arbeit gewesen war. Ich hatte viel geweint, war empört oder wütend, trauerte meiner ersten, großen, verlorenen Liebe nach. So wie ich die väterliche Hypothek auf Fabian übertragen hatte, so übertrug ich auch den Abschied vom Vater auf Fabian. Und jetzt mußte ich lernen, meine Geschichte neu zu schreiben, ohne väterliche Überlagerungen, mußte lernen, die alte Geschichte zu opfern, um der neuen Platz zu machen, um den Mann an meiner Seite endlich zu sehen, wie er ist, ohne ihn mit dem Bild des Vaters zu verstellen.

Wahrscheinlich wäre es mit weniger Aufwand verbunden gewesen, die bereits durchlittene Trennung von Fabian endlich bis in die letzte Konsequenz zu vollziehen, einen Schlußstrich darunter zu setzen und irgendwo mit einem andern neu zu beginnen. Aber es war, wie wenn mich eine eiserne Hand im Genick gepackt hätte und mich festhielt, unmöglich die eigene Schicksalsbühne zu verlassen.

Fabian und ich lebten lange Zeit auf einer Baustelle. Wir kamen nur schwer voran. Die Trennung hatte tiefe Wunden hinterlassen, aber sie war nötig gewesen. Ich mußte mich zuerst von ihm verabschieden, das alte vom Vater überlagerte Bild loslassen, damit ich ihn, in seiner eigenen ihm gemäßen Art zu sein, wiederfinden konnte. Wir lernten uns neu kennen. Die Gefahr war groß, das Neue nach altem Muster nachbauen zu wollen. Wir rissen die Mauern immer wieder ab, begannen von neuem.

Und das ist bis zum heutigen Tag so geblieben.

Aber manchmal legen wir unsere Arbeit nieder, setzen uns auf ein angefangenes Mäuerchen, lauschen dem Wind, der durch die Lücken und Ritzen unseres Gemäuers streift, und schauen den Wolkenfeldern zu, wie sie über uns in die unendliche Weite hinwegziehen. Stille Freude rieselt durch mein Gemüt, und ich empfinde eine tiefe Dankbarkeit für diese Lebenskrise, die mir derart hilfreich war.

Es wird mir leicht ums Herz und ich spüre, wie ich nun auch meinen Vater – ohne Bitterkeit – aus seinem Versäumnis entlassen kann.

Literaturverzeichnis

Benard, Cheryl/*Schlaffer*, Edit, Sagt uns, wo die Väter sind. Von Arbeitssucht und Fahnenflucht des zweiten Elternteils. 1991.

Dowling, Colette, Der Cinderella-Komplex. Die heimliche Angst der Frauen vor der Unabhängigkeit. [16] 1991.

Dowling, Colette, Perfekte Frauen. Die Flucht in die Selbstdarstellung. 1989.

Eichenbaum, Luise/*Orbach*, Susie, Feministische Psychotherapie. Auf der Suche nach einem neuen Selbstverständnis der Frau. [2] 1985.

Grabrucker, Marianne, Typisch Mädchen ... Prägung in den ersten drei Lebensjahren. Ein Tagebuch. [8] 1991.

Gray, Serena, Eine Frau von über 35 läuft eher Gefahr, von einem Tiger gefressen zu werden, als einen Mann zu finden. 1991.

Herriger, Catherine, Männer weinen nicht. 1989.

Kast, Verena, Die beste Freundin. Was Frauen aneinander haben. 1992.

Leonard, Linda, Töchter und Väter. Heilung einer verletzten Beziehung. [4] 1992.

Marone, Nicky, Gute Väter – selbstbewußte Töchter. Die Bedeutung des Vaters für die Erziehung. 1992.

Nagl-Docekal, Herta/*Pauer-Studer*, Herlinde (Hrsg.), Denken der Geschlechterdifferenz. Neue Fragen und Perspektiven der feministischen Philosophie. 1990.

Olivier, Christiane, F wie Frau. Psychoanalyse und Sexualität. 1991.

Olivier, Christiane, Jokastes Kinder. Die Psyche der Frau im Schatten der Mutter. 1989.

Pusch, Luise (Hrsg.), Schwestern berühmter Männer. Zwölf biographische Portraits. 1985.

Pusch, Luise (Hrsg.), Töchter berühmter Männer. Neun biographische Portraits. 1986.

Schwarzer, Alice, Der „kleine" Unterschied und seine großen Folgen. Frauen über sich – Beginn einer Befreiung. [11] 1992.

Steinbrecher, Sigrid, Die Vaterfalle. Die Macht der Väter über die Gefühle der Töchter. 1991.

Roten, Iris von, Frauen im Laufgitter. Offene Worte zur Stellung der Frau. 1992.

Wöller, Hildegunde, Vom Vater verwundet. Töchter der Bibel. 1991.

Wolf, Naomi, Der Mythos Schönheit. 1991.

Vortragskassetten:

Hellmut Wolff: Über die Ehe, Bernadette Wolff Verlag, Kempten

Hellmut Wolff: Eros und Erotik, München 5. 2. 80, Bernadette Wolff Verlag, Markt Rettenbach

Hellmut Wolff: Metaphysik der Ehe, München 10. 9. 81, Bernadette Wolff Verlag, Markt Rettenbach

Julia Onken bei C.H.Beck

Altweibersommer
Ein Bericht über die Zeit nach den Wechseljahren
3. Auflage. 2011. 184 Seiten. Paperback

Eigentlich ist alles schief gelaufen
Mein Weg zum Glück
3. Auflage. 2011. 213 Seiten. Paperback

Feuerzeichenfrau
Ein Bericht über die Wechseljahre
7. Auflage. 2014. 205 Seiten. Paperback

Geliehenes Glück
Ein Bericht aus dem Liebesalltag
3. Auflage. 2003. 222 Seiten. Paperback

Rabentöchter
Warum ich meine Mutter trotzdem liebe
3. Auflage. 2018. 181 Seiten. Gebunden

Wenn Du mich wirklich liebst
Die häufigsten Beziehungsfallen und wie wir sie vermeiden
3. Auflage. 2011. 212 Seiten. Paperback

Zurück ins Gleichgewicht
Vom Abnehmen und über das Glück, das eigene Maß zu finden
2. Auflage. 2015. 139 Seiten. Paperback

Im Garten der neuen Freiheiten
Ein Reiseführer für die späten Jahre
2. Auflage. 2018. 176 Seiten. Klappenbroschur

Verlag C.H.Beck

Julia Onken

MIT DEM HERZEN
DER LÖWIN

Warum Frauen ihr
Selbstbewusstsein verlieren und
wie sie es zurückgewinnen

C·H·Beck

223 Seiten. Klappenbroschur
ISBN 978-3-406-72745-0

Julia Onken analysiert bestechend klar die Gründe weiblicher
Selbstentwertung und macht konkrete Vorschläge, wie Frauen ihre
verlorene Stärke zurückgewinnen können:
- Schließe einen Vertrag mit dir ab, Entwertungen nicht
hinzunehmen, sondern sie öffentlich zu machen.
- Verzichte darauf, dass andere dich besonders schön, besonders
anziehend oder sonst außergewöhnlich aufregend finden sollten.
- Trenne dich von den «Energiekillern»: jenen Personen, bei denen
bereits der Gedanke an sie genügt, sich elend zu fühlen.
- Habe keine unnötige Angst vor Aggression. Lerne an erster Stelle,
Nein zu sagen: Nein, ich will nicht! Nein, das mache ich nicht!
- Und vor allem: Liebe dich selbst!

VERLAG C.H.BECK